学ぶ人は、
変えてゆく人だ。

目の前にある問題はもちろん、

人生の問いや、

社会の課題を自ら見つけ、

挑み続けるために、人は学ぶ。

[illegible]る。

いつでも、どこでも、誰でも、

学ぶことができる世の中へ。

旺文社

基礎からの
ジャンプアップノート

記述力養成・小論文
書き込みドリル

改訂版

VOCABOW小論術 校長
吉岡友治 著

旺文社

はじめに

この『基礎からのジャンプアップノート 記述力養成・小論文 書き込みドリル』は、小論文を初めて書く人のための本です。小論文は特別なタイプの文章なので、それなりのルールと技術を知らなければ書けません。でも、それを知らないまま「自分の考えさえ書けば点がもらえるんだろう?」と簡単に考える人が多いようです。

どんなものでも、ルールや技術を知らないままに努力しても、なかなか結果が伴いません。サッカーでも、「オフサイド」を知らないと「オフサイドトラップ」の面白さはわからないし、ディフェンスの動きも予測できない。これでは、観戦しても何がよいプレーなのかわからないし、試合に出てもどう動いてよいかわからないでしょう。

この本では、小論文のルールと基本技術を、初歩の初歩から説明します。文章を書くコツに気づいて、大学入試という試合に出るためのトレーニングを積める。そうしているうちに、書く面白さに気づけたら、こんなによいことはないはずです。「論理的な文章を書く」やり方は一生モノのスキルです。昔、ある元生徒から「大学受験の勉強で、今でも役に立っているのは小論文だけです」と言われたことがありました。

たしかに、日本語で、ちゃんと理屈に合った説得力のある文章を書けるなら、生きることはずいぶん楽になるはずです。他人の意図を正確に理解し、その意義を判断しつつ、自分の考えも相手に伝え、その気持ちを動かす。そういう主体的なコミュニケーションがうまくできないと、ただ人の機嫌を伺うだけで終わってしまう。

その意味で、小論文を学ぶことは、社会の中で、よりよく自分らしく生き抜く技術を学ぶことなのです。今のうちに、ちょっとだけ時間を割いて、頑張ってみましょう! その価値はきっとあるはずです。

吉岡友治

目次

装丁デザイン　(株)ライトパブリシティ
本文デザイン　小川 純(オガワデザイン)
編集協力　福岡千穂
加藤陽子／山下絹子／(株)ことば舎／(株)東京出版
サービスセンター(臼井亜希子)

本書の特長と使い方

本書は、小論文の基本ルールと論理的な文章の書き方を、初歩から丁寧に説明しています。**入門編・基礎編・実践編**の三部構成で、段階的に記述力が身につきます。４００字の小論文が目標です。

ポイント
小論文を書くうえで大切な基本事項です。

例題
学習事項について考えるための典型的な問題です。難しくて解けないときには、解答を見てから、もう一度考えてみましょう。

例題の解答
記述式の解答は、模範解答例です。解答例どおりに書けなくても構いません。解答例をお手本にして書き方を学びましょう。別解は、／で区切って示しています。

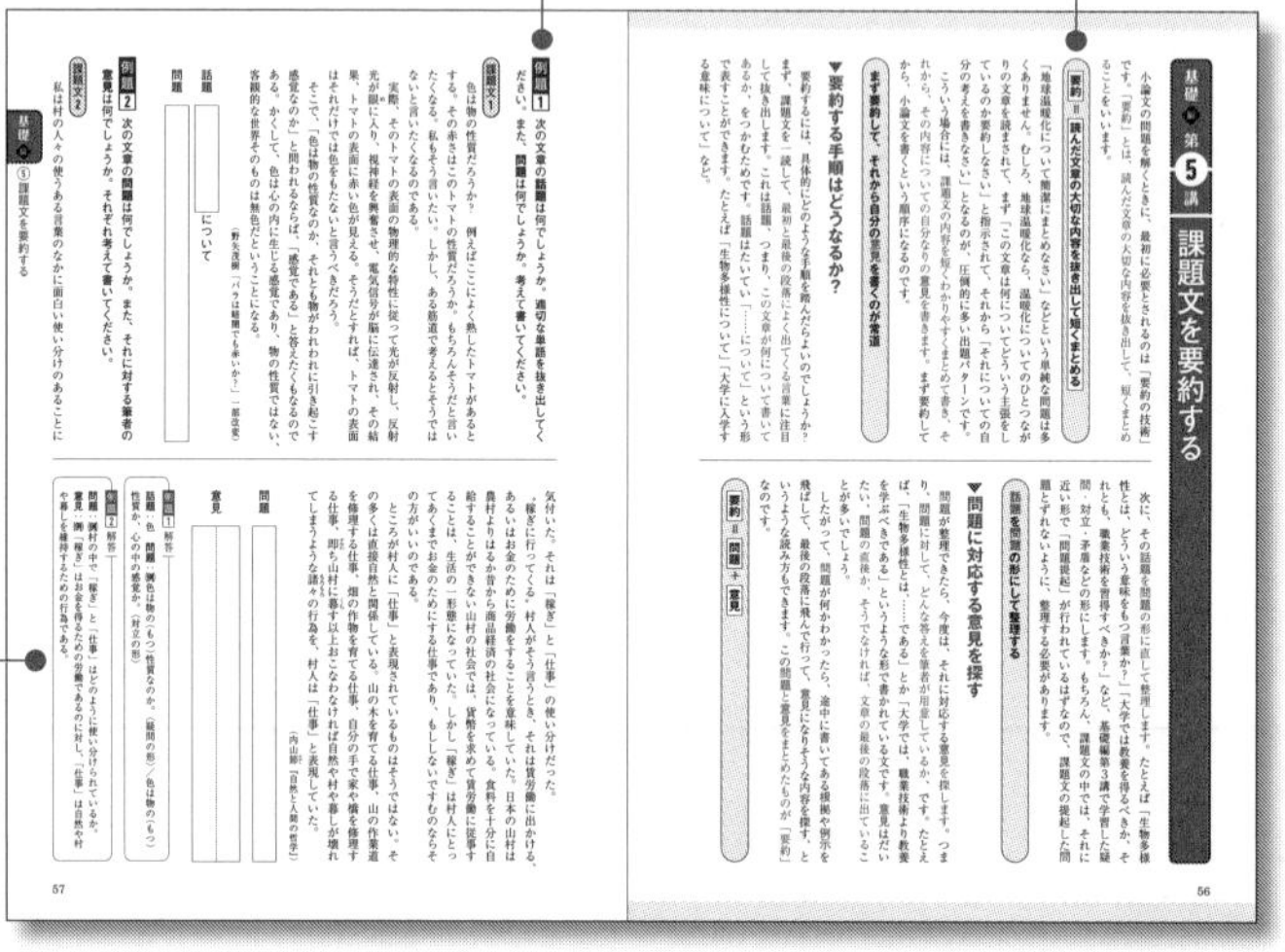

◉**入門編**…小論文を書く前に確認しておきたい基本事項をまとめました。
◉**基礎編**…小論文の書き方・論理的な文章の組み立て方を、初歩から一つひとつ説明しています。
◉**実践編**…小論文の入試問題の解き方を、形式別に説明しています。

例題の考え方
例題を解く際の考え方をとおして、小論文の書き方を説明しています。

まとめ
その講で学習した重要事項をまとめて示しています。

練習問題
各講の最後に練習問題があります。学習事項を確認しながら挑戦してみましょう。解答・解説は、別冊に掲載しています。記述式の解答は、模範解答例です。

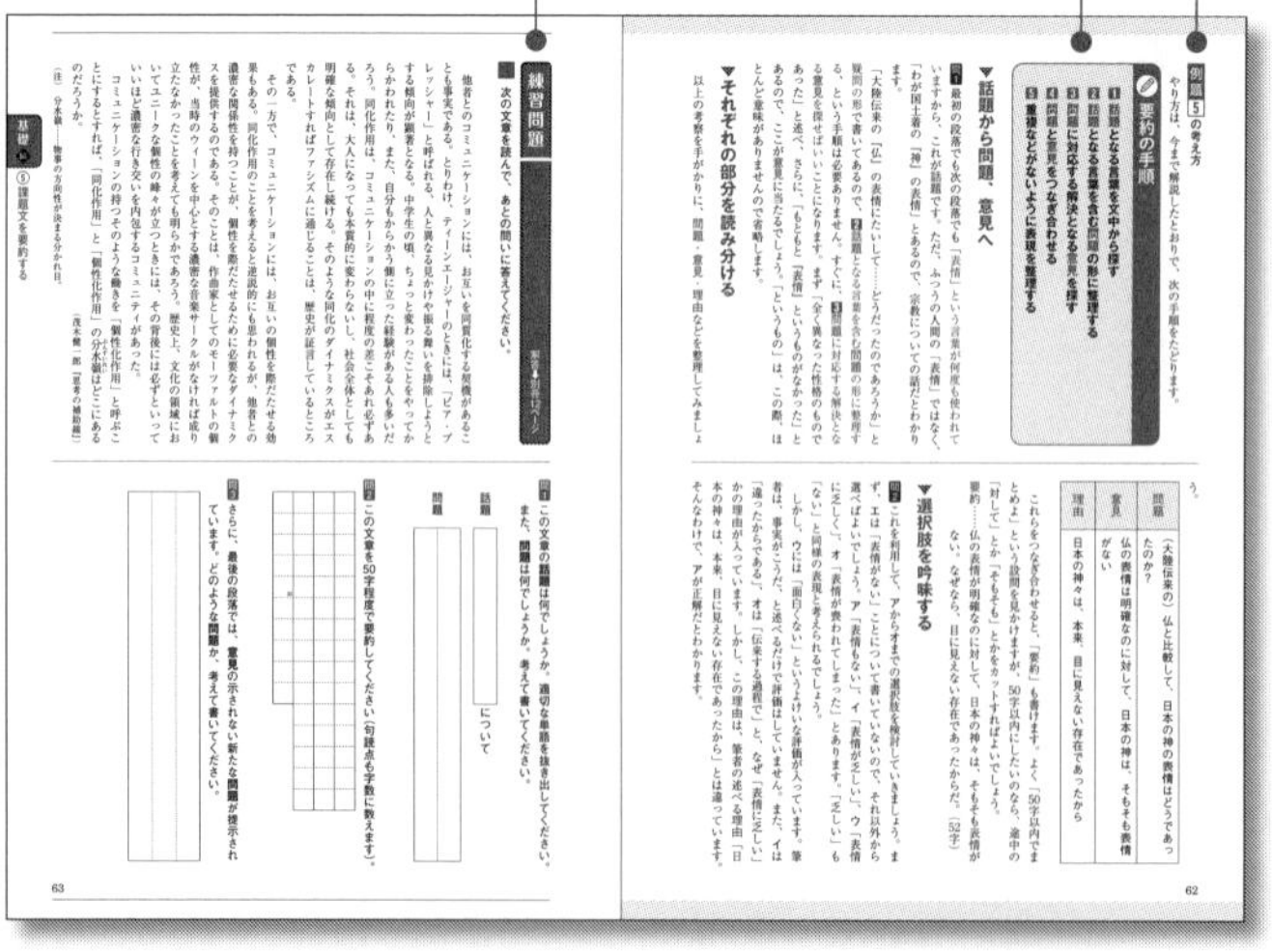

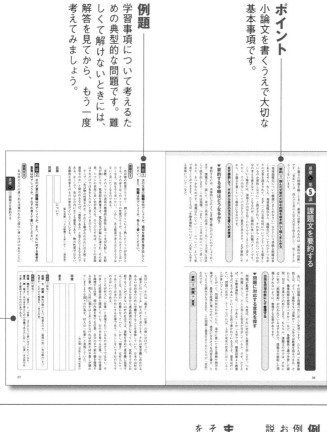

入門編

入門編 第1講 原稿用紙の使い方

▼原則は簡単

この本では、これから「記述問題や小論文の内容をどう書くのか？」について学びます。でも、文章を書く前に、そもそも「解答用紙や原稿用紙の使い方がよくわからない！」とか「読点の付け方ってどうやるの？」とか悲鳴を上げる人が少なくありません。これは文章以前の問題ですね。

でも、解答用紙や原稿用紙の使い方は簡単です。１マスに一つずつ字を書いて埋めるだけ。句読点やカギカッコなども同様です。解答用紙・原稿用紙は、何字書いたのか見やすくするための道具にすぎません。１行に何個マスがあるかわかれば、その数に行数をかけ、最後の行で埋められたマスの数を足せば、全体の字数がわかるのです。

例　文部科学省では、３年前からセンター試験の代わりに共通テストを実施するようになった。

▼例外もある

とはいえ、規則があるところ、例外も出てきます。たとえば、横書きだと、算用数字は1マスに2字入れてもよいことになっています。実際、コンピュータやスマートフォンに入っているワープロソフトやアプリでは、アルファベットや算用数字は「半角文字」と呼ばれて、ひらがなやカタカナ、漢字など「全角文字」の半分のスペースとして数えられます。もし「全角文字」が解答用紙や原稿用紙の1マス分なら、アルファベットや算用数字は1マスに2字入れられるはずです。

例　30%が、alphabetを…

例　2年後には、alphabetを…

例　2024年、AIが…

ただ、アルファベットや算用数字も強調しようと、1マス分を使って表す場合もあります。実際、参考書によっては「1桁の数字は1字分で書き、2桁以上は1マスに2字書くべきだ」とか「大文字は1字分とって、小文字は1マスに2字入れよ」などと書いているものもあります。

アルファベット・数字はどう数えるべきか、入試時に大学ごとに指定があるはずですが、ない場合は1マスに1字入れても2字入れても減点にはならないと思われるので、それほど気にする必要はないでしょう。

▼制限字数があるときは何字書けばよいのか？

試験では、解答用紙や原稿用紙に「あなたの考えを３２０字以上４００字以内で書け」（慶應義塾大文学部）などと制限字数が設けられる場合が多いでしょう。指定どおりに書けばよいのですが、「４００字以内で書け」などと上限しかない場合は、何割ぐらい埋めればよいのでしょうか？

よく参考書には「8割以上書くべき」とアドバイスが載っていますが、だからと言って、「そうか、8割でいいのか？」と思ってはいけません。なぜなら、これは最低レベルだからです。練習では、つねに本番より高めの目標を達成しておかないと、当日十分な力を出せません。ですから、字数は「9割以上」を目標にしましょう。それがいつでもできるようになれば、試験でも8割以上は必ず書けるようになります。

▼段落の扱い

さて、ある程度の長さの文章を書く場合は、段落に切ることで「ここまでが意味のまとまりだよ！」ということを表すのがふつうです。そうしないと文章がダラダラと続いてムチャクチャ読みにくいですね。ただ、この段落を表すには、原稿用紙の扱いもやや面倒になってきます。

まず「ここからが段落だよ！」と表すためには、段落冒頭を1マス空けて、段落の最後では、それ以上文字を書かないで空白のままにしておきます。「ここまでで終わりだよ！」ということを示すためですね。

もし、意味のまとまりが終わって、新しい内容を書くために、段落を変えたいという場合には、次の行に移って書き始めるのですが、その冒頭を1字分空けて、2文字目のマスから文字を埋めていきます。このような処理で新しい段落であることが示されます。

▼字数はどう数えるか？

結局、解答用紙・原稿用紙を使うのは「何字書いたのか見やすく」するためです。印刷された本は1行の字数や1頁《ページ》の行数が決まっていますが、文字数や行数がバラバラだと印刷したら何頁になるのか見当が付きません。そこで、たとえば20字×20行の枠を作って、字数や分量が一目でわかるようにしたのです。段落に分かれているとき字数を数えるには、最後の段落の直前までは、行終わりまでをすべて数え、1行20字なら、それに行数をかけます。でも最後の段落だけは、最後の句点が書いてあるマスまでを数え、空白になっているところは全体の字数に入れません。

例

　文部科学省では、3年前から、センター試
験の代わりに共通テストを実施している。英
語の問題では読む書く話す聞くという四技能
を重視しているために、Listeningの試験が
ある。しかし、この試験で、いくつか問題が
発生している。（第一段落は20字×6行＝120字）
　たとえば、ヘッドフォンをしても周囲の雑
音が聞こえて、肝心の問題が聞こえにくい、
という苦情が受験生から出ている。これは、
耳当ての部分が十分密着していないために起
こるのである。（20字×4行＋7字＝87字）

▼制限字数の収め方に悩もう

そもそも、小論文で「最低、何字書けばよいのか？」と質問するのは「勉強が足りていない」証拠です。なぜなら、勉強が進めば、書くべきことや書きたいこと、書くために踏まねばならない手順などがわかってくるので「こんな多くの内容を、どうやって制限字数内に詰め込めるのか？」というように悩みが変わってくるからです。書くことが思い浮かばず、どうやったらマス目を埋められるか、と考えているのは、「小論文の勉強をしていない人」なのです。

逆に言えば、勉強するときは、主たる悩みが「書くべき字数の多さ」から、「入れられる制限字数の少なさ」に変わるようになるまで続けていけるかどうか、がポイントになります。1字でもはみ出せば、その時点で大減点になるか零点になるか、という瀬戸際ですからね。みなさんも、ぜひ「最低、何字書けばよいのか？」ではなく、「どうやってこの内容を

制限字数に収められるのか?」と悩むようになって欲しいですね。

▼句読点はどう付ける?

一文の形は、主語「…」を述語「～である」につなげて「…は～である」となるのが基本です。たとえば「日本は同調圧力が強い国である」なら、「日本は」が主語、「国である」が述語です。「同調圧力が強い」は「国」の修飾ですが、「同調圧力が強い国である」全体を述部と考えてもよいでしょう。最後には句点「。」を付けて終わりの徴《しるし》にします。

さて、この前にもう一つ、「日本は一見自由だ」を付け加えて、全体を一文で表す場合には、接続表現の「が」を間に入れて「日本は一見自由だが同調圧力が強い国である」と書きます。でも、この場合、違う内容が加わったことを表すために、間に読点「、」を入れるとわかりやすいでしょう。句点も読点も、原稿用紙では1字分使います。主語「日本は」が、最後の述語「国である」にもつながることを強調するには、主語の後に読点「、」を入れてもいいかもしれません。ただ、読点は多すぎないほうがいいので、文節ごとに読点を入れるような書き方はしないほうがいいでしょう。

例

○ 日本は一見自由だが、同調圧力が強い国である。

△ 日本は、一見自由だが、同調圧力が、強い国である。

× 日本は、一見、自由だが、同調圧力が、強い国である。

▼文末の句読点の書き方

一方、句読点の書き方には特別なルールもあります。行頭のマスに句読点やカギカッコなどの記号が来る場合、1マス使わずに、それと関係が深い文字や記号と同じマスに入れて処理するのです。

例

文部科学省では、3年前からセンター試験ではなく共通テストを実施するようになった。英語の問題では「四技能」を重視しているために、Listeningの試験もある。だが、この試験では今までいくつか問題が発生している。

この文章では、「1マスに1字」で書くと、句読点は行頭に来ます。しかし、句読点は区切りを表す記号なので行頭は変です。行終わりの「～になった」の「た」と一緒のマスに入れて「～になった。」などとしたほうが、区切りの感じが伝わります。「1マスに1字」の原則で書いて句読点が行頭に来る場合には、前の行の文字と一緒のマスに入れるのです。これはカギカッコでも同じで、行終わりに会話の始まりを表す「が来るのはおかしいので、そこに会話の最初の1文字を一緒に書きます。

▼原稿用紙と解答欄の違い

しかし、このルールは、国語の記述問題などに出てくるマス目付きの解答欄には適用されません。たとえば、「『歴史的に考える』とはどういうことか、説明しなさい。(50字以内)」などの設問でマス目が区切られた解答欄の中に字を入れる記述問題では、「句読点も1マスに1字入れる」という最初の原則に戻ります。たとえ句読点が行頭に来ても、前の行の終わりに他の文字と一緒に入れないのです。

文章の整え方

▼接続表現のあとには読点を置く

読点は、内容の区切りで打つのが原則ですが、他に「だから」とか「しかし」などの接続表現のあとにも読点を置くのがよいでしょう。接続表現は、前の文と後ろの文をどうつなぐか、を表す言葉です。つまり、接続表現はそれが付いた文と前の文の中間としての意味をもちます。そこで、接続表現のあとに読点を置くと、その感じがより出てきます。ただ、これはまだ一般的ルールとして確立しているとまでは言えないかもしれません。

たとえば「つまり、同じ内容なのだ。」などという文では、人によっては「つまり同じ内容なのだ。」と読点なしで書く場合もあります。とくに、この場合「つまり」という接続表現のあとが漢字なので、「つまり」と「同じ」の間に切れ目があるように感じられます。だから、読点なしで書くことが可能になります。ただ、これが「しかしそうではないのだ。」とひらがなになると、読点を打って「しかし、そうではないのだ。」としないと読みにくいでしょう。

▼接続表現を工夫する

ところで、小論文では、接続の言葉はなるべく使ったほうがよいでしょう。昭和の文豪、谷崎潤一郎は『文章読本』の中で「接続表現は無駄な穴埋め言葉なので、なるべく使うな」という意味のことを述べています。しかし、私たちが書く「論理的文章」では、むしろ、接続表現は積極的に使ったほうがよいのです。

なぜでしょうか？　接続表現には、次の文に何が書いてあるかを予告する役目があるからです。たとえば「すなわち」だったら、次の文には前の文の言い換えが来るな、とか、「たとえば」だったら、例示になる、などと見当が付きます。こういう予測が付くと、読むのがぐっと楽になります。「物語的文章」なら、物事は原則として時間的順序で進むので、いちいち接続表現を使わなくてもどんな内容が次に来るかわかるのですが、「論理的文章」は接続表現を使わないと内容がわかりにくいのです。

▼予測できると読むのも楽になる

文章を読む行為は車の運転に似ています。先にどんなものがあるのか、よくわからないと、どうしてもノロノロ走ることになります。どんな事態になっても、対処できるようにするためです。でも、だいたいどういう風になるのか、見当が付いていれば、スピードを出してよいところではアクセルを踏めるので、キビキビ走ることができます。

文章も、先の内容がわかれば、読み飛ばしも可能になるし、逆に、大事なところを斜め読みしたりしません。そういう意味で、接続表現は道路標識のようなものだと考えられます。

▼「そして」は使わない

だから、あいまいな接続表現は使ってはならない、ということに気をつけなくてはなりません。その代表は「そして」です。「そして」は、あることが起こったあとに、別の違うことが起こったことを示す言葉ですが、その間にどういうつながりがあるか、示していません。流れがあいまいになりがちなので、むしろ使わないほうがよいのです。「また」にも注意しましょう。これは「付け加え」ですが、「さらに」などと比べると「付け加え」の意味が厳密ではありません。そういえば、英作文でも、文頭に「And」は付けてはいけない、とよく言われます。

接続表現を使うと、前の内容とのつながりがはっきりと出てくるので、自分が何を書いているか、を自覚できます。文章の初心者は「そして」「また」を連発しがちですが、「だから」「したがって」あるいは「なぜなら」など、論理を表す接続表現を使いこなせるようにしたいですね。

◉主な接続表現の意味

言い換える	つまり、すなわち、あるいは、逆に言うと
理屈で予想する	だから、したがって、それゆえ
逆の内容を示す（逆接）	しかし、だが、けれども
順序づける	まず、第一に、次に、最後に
付け加える	さらに、そのうえ、それから、また
理由づける	なぜなら、というのは
例示する	たとえば、実際、事実
比較・対照する	一方、むしろ、それに対して、反面
強調する	とくに、まして、そもそも、とりわけ
結論づける	このように、要するに、結局
話題転換する	さて、ところで
譲歩する	もちろん、たしかに
なんとなくつなぐ	そして、それに、それで、また

▼主述の関係をそろえて整える

さて、文章の形を整えるには、主述を対応させる必要も出てきます。「主述の対応」とは、主語と述語が自然につながるように調整することです。たとえば、次の文章を声に出して読んでみてください。どこか変な感じがしないでしょうか？

A

相関関係は、一方が増減すると他方もそれに従って増減するとよく言われる。それに対して、因果関係については、相関関係の特別の場合である。つまり、片方が変わることが原因となって、他方の変化を必ず結果として引き起こす違いに気をつけなければならない。

たしかに、意味がわからないということは、ないかもしれません。とりあえず「相関関係」と「因果関係」という言葉の違いについて説明している文章だな、ということは見当が付くでしょう。とすれば、「相関関係」はどういうあり方なのか、「因果関係」はそれとどう違うのか、が書いてありそうです。数学などで、統計学の基礎を習った人は、これを読めば「ああ、あのことか！」とすぐ見当が付くのでしょうが、習ったことがない人は「いったい、なんのことだろう？」とまごつくかもしれませんね。

▼主述を整えれば読みやすさが変わる

でも、文章がわかりやすいかどうかは、このような知識の有無だけではなく、文章の書かれ方も大きく影響します。たとえば、Aの文章を次のように書き換えたら、どうでしょうか？

B

よく言われることだが、相関関係とは、一方が増減すると他方もそれに従って増減する関係である。それに対して、因果関係は、相関関係の特別の場合だと言われる。つまり、片方が変わることが原因となって、他方の変化が、必ず結果として引き起こされるという関係なのだ。この違いは気をつけなければならない。

▼どこをどう直したのか？

書き直しの第一文では、「相関関係とは」という主語に合わせて、述語を「～である」という言い切りの形にしてあります。「…は～である」という基本の形になっているので、スッキリしていますね。

第二文は「それに対して」で始まっているので、第一文と対比される内容だとわかります。そこで「因果関係は」と第一文の書き方に合わせるとともに、「～と言われる」と第一文の冒頭の言い方に近い形にしてあります。このように対比する場合は、内容は反対でも、形式をそろえてやると、対比だとわかりやすくなります。

一方で、第三文は「つまり」でつながれているので、前の第二文と内容が同じです。とすれば、最後を「気をつけなければならない」としないで「引き起こされる」と、また言い切りの形に直し、さらに第二文の「特別の場合」を説明するように「という関係なのだ」と結びました。他方で「気をつけなければならない」は長い文の最後に出てくるので、独立した文にして、「この違いは」と主語を補いました。

どうでしょうか？　AとBの文章は同じ内容を述べているのですが、Bのほうが圧倒的にわかりやすく感じないでしょうか？　これは「…が（は）～する」という文の主語「…が（は）」と述語「～する」がつねに対応した形になっているからです。

▼主述の表現を必ず対応させる

とくに書いているときは、文が進んでいって新しい内容が出てくると、最初の主語を忘れてしまいがちです。文は、必ず主語が「どうなるか？」という疑問を解決する形になるように述語を書かなければなりません。だから「相関関係とは」と始めたら「～関係である」と言い切りの形で結ぶし、「つまり」という接続表現があれば、前文の「相関関係の特別の場合」から当然出てくるはずの「どういう関係なのか？」という疑問に答える結び「～なのだ」にしなければなりません。さらに最後の「気をつけなければならない」という注意は、「何に注意するのか？」という疑問に応える形で主語「この違いは」をもう一度立てると、内容が明確になりますね。

▼単純な文を積み重ねる

このように、小論文などの論理的文章では、一文をあまり複雑で長い形にしないほうがよいでしょう。「…は～である」というような単純な構造の文を一つひとつ積み重ねて、それらを組み合わせて、全体として言いたいことを構成していくのがよいのです。だから、当然のことですが、一文一文は短くなります。実際、文章Aは三文になっていますが、文章Bは四文で構成されています。

「表現は簡潔に！」とよく言われますが、「簡潔」とは、字数を少なくすればよいのではありません。むしろ、一文の中で言いたいことを一つに絞って、なるべく一文一メッセージに整理することが大事なのです。逆に、一文の中で言いたいことをいくつも並べるのは、どれが大事なのか、何をどの順序で言えばよいのか、などの考えが整理されていないことの表れと考えられるのです。

練習問題

解答➡別冊1ページ

次の文章を、三段落に分けて書き換え、それをルールに従って原稿用紙に書いてください。そのうえで、文章の字数は何字なのか、数えてみましょう。

私は△△大学の国際社会学部で学び、国際機関で発展途上国の子どもたちが夢をかなえられる社会を実現する活動を行いたい。
このような志望を持つに至ったきっかけは、
アフリカ、ボツワナの民芸品を日本で売る女性に出会ったことである。
彼女は、直売会で得た利益を現地の人に寄付している。
ただ「かわいそうだから」と寄付を募るのではなく、
現地の人が働いてお金を得たと感じられる仕組みでないと持続可能でないと言うのだ。
それまで、私は「途上国支援」に関わりたいと思っていたが、
具体的に何をやればよいのかわからなかった。
それが、彼女と話してどんな方法が効果的なのか、
しっかり検討しなくてはと思ったのだ。
国際社会学部では、経済だけでなく、政治体制や教育体制、南北関係など、さまざまなアプローチで地域事情を学べるという。
私は、幼少時に外国にいたので英語は多少できるが、各地域の細かい事情までは知らない。貴学部で知識と経験を深めて、発展途上国の子どもたちの可能性を開く活動につなげたい。

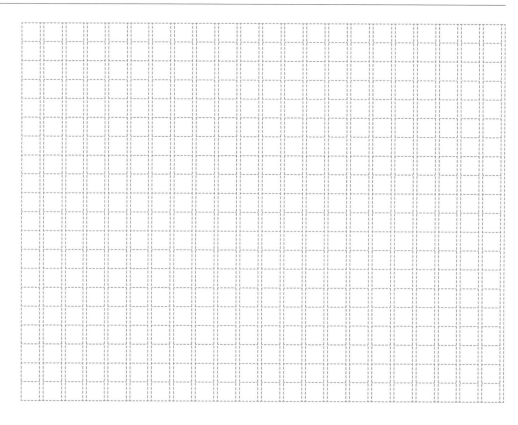

基礎編

基礎編 第1講

小論文とは何だろう？

「小論文を書きなさい」と言われても、戸惑ってしまう人がいるかもしれません。自分で書くには、まず「小論文とはどういう文章か？」がわかっていなければなりません。それがわからないままに始めると、「何から書き始めればよいのか」「何をどうすればよいのか」もわからなくなります。

▼小論文は作文と同じ？

「作文は、小学校の国語でよく書いた。けっこう得意だったんだ」と言う人もいるかもしれません。でも、「作文」とは、文章を書くことを意味するだけで、どんな文章を書くか、とは関係ありません。物語を書くことも詩を作ることも日記を書くことも、それどころか、俳句や短歌を詠むことも「作文」です。

よく小学校で書かされたのが、自分の体験をもとに「こんなことを感じました」という「感想文」ですね。私は、この感想文が大の苦手でした。「自分の感じたことを正直に書きなさい」と言われるのですが、そもそも自分の「感じ」は何かよくわからず言葉にもできない。結局、家に持って帰って母親にやってもらうのです。一晩寝て朝になってみると、ちゃんとできている。

そうして提出した作文が、コンクールで優秀賞になったこともあります。そういう人が「小論文の書き方」を教えているのですから、作文と小論文がいかに違うか、よくわかるでしょう。

▼小論文は感想文ではない

では、小論文と感想文はどこが違うか？　小論文では、自分の**意見**や**主張**を書くのであって、感情とか感覚とかは、重要ではないのです。「感じ」をうまく書けなくたって、ちゃんと**意見**が書ければ評価される。書くものが違うと、書き方も違ってくるのです。

▼意見とは何か？

では、小論文で書くべき「**意見**」とはいったい何でしょうか？　みなさんは、意見を言ったことがありますか？　そう聞くと、ほとんどの人が「ある！」と答えます。どんなときに意見を言ったのでしょうか？

たとえば、数学の時間に意見を言ったことがありますか？　ないと思います。「この二次方程式の答えは何か？　吉岡、お前の意見を述べよ」とは聞かれませんよね？　「正解」が決まっているからです。

意見を言うときは、たいてい会議など話し合いのときです。「今度の文化祭に、何をやろうか？」なんて、みなで相談する。「焼きそばの屋台をやったらいいと思います」と言ったら、これは「**意見**」。ほかの人は「お化け屋敷がいいよ」と言うかもしれない。これもまた「**意見**」です。

つまり、**意見**とは、みなで、ある**共通の問題**を考えているときに、「こうすればいいよ！」と**自分なりの解決**のアイディアを出すことなのです。みなが、何か一つの**問題**を考えている。それに対して「こうしたらよいと思う」と**意見**を書くのが小論文なのです。

だから「私は……と感じる」などといくら正直に感想を書いても小論文にはなりません。それより、ある**問題**に対して、スッキリと解決するように**意見**を書くことが大切なのです。

例題 1

問1～問6の文は、ア「意見」またはイ「感想」のどちらでしょうか。いずれかを選んでください。

問1 昨日、私は中学時代の友だちに会った。久しぶりだったので懐かしくて、つい話し込んでしまった。時計を見たら、もう7時半。だんだん時間がたつのが早くなる。 □

問2 今度の文化祭では、お好み焼きの屋台をやりたい。私は実は広島出身で、お好み焼きの作り方をよく知っているからです。広島の友だちはみな「おいしい」と言ってくれたし、きっとウケると思うよ。 □

問3 そんなことをやって恥ずかしくないんですかって？ 恥ずかしくないですよ。人の感じ方なんていろいろですよ。あなたの感想を私に押しつけないでください。失礼ですよ。 □

問4 私の村には奇妙な風習がある。男も女も15歳になると、おにぎり一つだけを持って一晩山の中で過ごすのだ。しかも、その夜に何があったか、ほかの人に言ってはいけない。なんとなく怖い風習だ。 □

問5 私は英語が嫌いである。なぜなら、英語を使うと自分の頭が悪くなった気がするからだ。思ったことを十分言えないし、読むスピードも極端に遅くなるので、とてもイライラする。 □

問6 電車の中で高齢者に席を譲る必要はないと思う。この頃の高齢者は元気で「老人扱い」されるのを嫌がる。この間も、私が席を譲ったら「まだそんな歳《とし》じゃないから」と言われた。だから、私は高齢者が前に立っても寝たふりをする。 □

例題 2

次の文章は、ある生徒の意見文ですが、元になっている「共通の問題」は何でしょうか。最も適当なものをあとのア～オから選んでください。

課題文1

大学入試で、英語の試験をする必要はないと思うよ。だって、世界には、中国語とか韓国語とか、フランス語とか、いろいろな言語がたくさんあるじゃないか？ なんで英語だけ特別視するの？

ぼくは、フランス語だったら勉強してみたいな。なぜって、フランス語を聞くとチュとかピュレとかオンとか、発音がかわいいから。英語ってザットとかリアリーとか喧嘩《けんか》しているみたいで嫌いなんだ。

そういえば、ぼくの友だちでインドネシア語を勉強している人がいて、散歩のことをジャラン・ジャランと言うんだとか。ジャランは道という意味で、それを二つ重ねると「散歩」。これも、音がかわいい。みな、好きな言語を学べばいいのに、入試にあるだけで勉強しようとするから、英語が嫌いになるんだよ。

ア　外国語を習うとしたら、君は何を選ぶか？
イ　大学入試で英語の試験をする必要があるか？
ウ　インドネシア語では、散歩を何というのか？
エ　フランス語の発音は、本当にかわいいか？
オ　外国語が好きになる方法は何か？

□

例題1 解答
問1 イ　問2 ア　問3 イ　問4 イ　問5 イ　問6 ア

例題2 解答
イ

例題1の考え方

▼感想文と意見文を見分ける

感想は、起こった事実や体験に対して「こう感じた」という感情や感覚を書くことです。それに対して、意見とは、みなが考えている共通の問題に対して、「こうすればよい」「こう考えればよい」と書くことです。その点をふまえて、各文を検証してみましょう。

問1「中学時代の友だちに会った」のは、実際の体験。それに対して「懐かしかった」という自分の感じ、つまり感想が書かれています。

問2これは、みなで「今度の文化祭では何をやるか?」と話し合いをしているのでしょう。その中で「お好み焼きの屋台がよい」という自分なりのアイディア＝考えを出しています。しかも、「なぜよいか?」という理由も出しているし、「広島の友だち」の証言まで引用している。これは立派な意見ですね。

問3「恥ずかしくないか?」と聞かれて、「恥ずかしくない」と答えています。ちょっと見ると、意見のようですが、そのあとを読むと「失礼ですよ」と怒りの感情を丸出しにしています。「なぜ恥ずかしくないか?」という理由も出していない。意見とは言えないでしょう。

問4「奇妙な風習」についての説明がなされ、それに対して「怖い」という感想が書かれています。

問5「私は英語が嫌い」が感想になっています。理由は「自分の頭が悪くなった気がするから」ですが、自分の感じにすぎません。最後にも「イライラする」と感想が連続しています。

問6これは意見です。「高齢者に席を譲る必要はない」は常識からはずれていますが、それだけで意見ではないとは言えません。理由は「『老人扱い』されるのを嫌がる」で、「私が席を譲ったら……」という体験もあるので「なるほど」と思えます。独特な内容ですが、意見であることはたしかです。

例題2の考え方

▼意見に対する問題を探す

小論文を書くうえでどうしても必要なのは、まず問題を探すことです。内容は何でも構いませんが、「どっちがいいのか?」とか「なぜ、そうなるのか?」など、迷う内容が含まれていなければなりません。

ときには、問題が隠れて意見しか書かれていない場合もあります。たとえば、**例題1問2**は「今度の文化祭で何をやるか?」、**問6**は「高齢者に席を譲るべきか?」が問題です。**課題文1**第一段落の「大学入試で、英語の試験をする必要はない」については、もともと「大学入試で、英語の試験をする必要はあるのか、ないのか?」という問題があったと考えられます。

▼みなに共通する問題か?

ほかに、こういう隠れた問題はないでしょうか?

第二段落冒頭の「ぼくは、フランス語だったら勉強してみたい」には「君は、どんな言語を勉強したいのか?」という問題がありそうです。ただ、これは「君」の意向を聞いただけで、アンケートに近いですね。「みなに共通する問題」ではありません。第三段落は、「インドネシア語のジャラン・ジャランは散歩を表す言葉」という事実と「音がかわいい」という感想の組み合わせ。だから、ここにも問題はありません。さらに、第四段落は「好きな言語を学べばいい」とあるので、隠れた問題は「どんな言語を学べばいいのか?」が考えられます。しかし、選択肢にあるのは**ア**「外国語を習うとしたら、君は何を選ぶか?」でずれています。

▼小論文の基本は何か？

そんなわけで、「こういうことがあった」「こんなことを感じた」という事実をいくら正確に報告しても、真に迫って描写しても小論文にはなりません。また「私は、こう感じた」「サイコーだった」と、感想をいくら強調してもやはりダメです。

みなが「どうしようかな?」と考えている問題に対して、「こうしたらいい！」と一つの意見を示すのが、小論文なのです。それ以外の一切は、いくら上手に書こうが、評価にはつながりません。たとえば、いくら目の覚めるような巧みな比喩を使っても、かえって「小論文にはふさわしくない」と言われかねません。

課題文1のように、問題が隠れて意見しか書かれていない場合もありますが、小論文の基本は問題＋意見という仕組みです。

小論文の基本＝問題＋意見

▼意見ははっきりと示す

もちろん、問題に対する意見は、はっきりと書いていなければなりません。どんなに難しい内容であっても、「まだよくわからない……」とためらったり、「これからみなで考えればよい」と他人任せにしたりしてはなりません。自分の考えは「こうだ」とはっきり書きましょう。

本当はよくわからない場合でも、あいまいな表現はせず、なるべく言い切りましょう。断言できないなら「……だろう」と付ければ十分です。「これは……である」とか「こうすればよい」などのように方向がわかりやすく示されているのがよいのです。

▼納得させる仕組みを作る

自分のよく知らないことでも「こうだ」と断言すれば、読んだ人は信用してくれるでしょうか？ ただ断言するだけでは、どんなに強く言い切ってもダメで、相手が「なるほど！」と思ってくれる仕組みを作る必要があります。そのためには、相手の反応を予測して、それにあらかじめ答えておけばいいのです。

もし「こうだ！」と意見を言ったら、相手は「なぜ、そう言えるの?」と聞いてくるでしょう。それには「なぜなら……からだ」という理由の形で返答しなければなりません。それを聞いても「よくわからないよ」と言われるかもしれない。そうしたら「つまり、……」とくわしく説明しなければなりません。さらに「理屈ばっかりでわからないよ」とクレームを付けられる。そうしたら「たとえば……」と例をあげる。

相手の考えもさまざまなので、どこで「なるほど！」と感じるか、予想が付きません。だから、少しずつ内容を積み重ねて、わかってもらえるところを模索するわけです。

▼根拠を書く

小論文は「自分の考えを書く」と言われます。それはそうなのですが、それだけでは小論文になりません。読んだ人を「なるほど！」と納得させてこそ、小論文になるわけです。せっかく「こうすればよい」と書いても、読んだ人に「そうかな、それは君だけの感じだろ?」と言われたら、大失敗です。そうならないように、読者に納得してもらう仕掛けや工夫をしなければいけません。そのために根拠を示します。「なぜなら」も「つまり」も「たとえば」も根拠ですね。そういう根拠を付けてはっきり意見を言うのが小論文なのです。

例題 3

例題1 問5に「英語が嫌い」と書いてありました。たしかに小学校で英語を習い始め、中学・高校でさらに6年間学習し、大学入試でも出題されるのですが、なかなかうまくならないですね。大学を出ても、大部分の日本人は英語が不得意だと感じています。

そこで、ある先生が「もう大学入試で英語を出題するのを止《や》めたほうがいいのではないか?」と言い出しました。

次の問1～問3は正解のない設問です。あなたの**意見**を考えてそれぞれ解答してください。

問1 あなたは、この**意見**に賛成ですか。反対ですか。いずれかに丸を付けてください。

賛成 ・ 反対

問2 なぜ、あなたは賛成／反対したのですか。**理由**は何ですか。自分の考えに最も近いものをア～カから選んでください。

【賛成の理由】

ア 練習してもうまくならないなら、時間のムダだから

イ 日常生活で英語を使うことは少ないから

ウ プログラミングなど別の科目のほうが役に立つから

【反対の理由】

エ 中学・高校だけでは、英語が上達するのに十分ではないから

オ グローバル化で英語を使う機会が増えるから

カ 英語くらいしゃべれないと恥ずかしいから

□

問3 選んだ**理由**をくわしく**説明**すると、次のどれになるでしょうか。自分の考えに最も近いものをa～rから選んでください。

【賛成・アを選んだ人】

a 自分は中学・高校と英語を毎日勉強したけれど、上達しなかった

b 大学を卒業しても英語がうまい人は少なく上達は難しいと感じる

c その他

【賛成・イを選んだ人】

d 英語を使わない国内向けの仕事も多い

e 不得意なことより得意なことを仕事にするほうがよい

f その他

【賛成・ウを選んだ人】

g 英語はそのうち自動翻訳でわかるようになる

h 英語をしゃべれる人は多いので強みにならない

i その他

【反対・エを選んだ人】

j 語学習得は1万時間かかると言われている

k 中学・高校の授業はクラス単位なので、細やかさに欠ける

l その他

【反対・オを選んだ人】

m 日本に来る外国人の多くは英語でコミュニケーションができる

n 将来、外国と関わる仕事に就きたい

o その他

【反対・カを選んだ人】

p 海外旅行に行ったときにしゃべれなくて困った

q 日本語しか話せないと国際人でないと思われる

r その他

□

例題3の考え方

▼問題に対して自分の意見を決める

これは正解がない問題です。ただ、どの選択肢が、より自分の考えに近いか、吟味しつつ、小論文の考え方を練習する問題です。まず、「大学入試で英語を出題するのを止めたほうがよいのか?」という問題があります。

たしかに、英語学習については、「こんなにやったのに、なぜしゃべれるようにならないのか?」と、みなもやもやした気持ちを抱いていると思います。それに対して「もう大学入試で英語を出題するのを止めたほうがいいのではないか?」と言われたら、みな、何か言いたくなるでしょう。だから、これは「みなに共通する**問題**」になるわけです。

問1 気をつけなければいけないのは、選択肢が二つしかないことです。賛成・反対、どちらでもいいので、どちらかの**意見**を選びましょう。ちょっと迷うかもしれませんが（そもそも小論文の問題は迷うようにできています）、書き出すためには、仮にでもよいので、どちらかに意見を決めることが大事です。

▼次に、理由を考える

問2 一度、意見を決めたら、その次には、必ず「なぜなら……からだ」を使って、理由を述べます。設問にある言葉「中学・高校でさらに6年間学習し、大学入試でも出題されるのですが、なかなかうまくならない」に注目しましょう。これに対応するのは**賛成の理由ア**でしょう。

でも、別の理由を出しても構いません。**イ**は、そもそも英語を学習する必要がないのでは？　という指摘です。**ウ**は、そこから、さらに「どうせ時間のムダなら、別の科目を学んだほうが役に立つ」と判断するわけです。どれも、理由にすることができます。

▼理由には説明を付ける

問3 理由を書くとすぐ「たとえば」と例示に続ける人がいますが、それはよくありません。理由だけでは納得しない人がいるので、その理由をさらにくわしく言い換える、つまり**説明**する必要があります。

たとえば、**賛成の理由ウ**「別の科目のほうが役に立つから」を選んだら、この「役に立つ」は、きっと職業に使うことができるという意味が含まれるでしょう。一方、世の中には英語が得意な人がそれなりにたくさんいるので、ちょっと上手なくらいでは、職業に役立つとは限りません。そうすると**h**のように「英語をしゃべれる人は多いので強みにならない」と言い換える、つまり**説明**することができます。

理由には、必ず説明を付ける

▼論理展開をアピールする

こういう言い換え（**説明**）ができると、「論理展開力がある」と評価されます。「論理展開力」とは、自分の述べたことを、さらに深めて／先に進めて、わかりやすくする力です。

この力は、小論文を評価するうえで最も重視されます。たんに言いっ放しで終わるのではなく、相手の疑問や求めに応じて理解できるように述べ方を調整していく力です。

他人と一緒に作業したり、依頼したりするときには、疑問の余地のないように述べて、相手の疑問点をなくさなければミスが生ずるでしょう。そういう意味で、**説明**は必須のコミュニケーション能力なのです。

▼原発の是非で考えてみる

小論文の基本構成を「原子力発電所をこれからも作り続けるべきか?」という問題で考えてみましょう。これは、国民「みなに共通する問題」ですね。2011年の福島第一原発の事故の直後、私は成田空港に行ったのですが、日本から脱出する人々がたくさんいました。それなのに、その後、政府・産業界は「原発は必要だ」という姿勢を変えていません。つまり、国民の中で、賛成・反対が分かれているわけです。

こういう対立は、小論文の絶好の問題です。なぜなら、まだ誰にも「正解」が見えていないからです。前にも言ったように、数学の授業では意見は聞かれません。「正解」が決まっているからです。「正解」が決まっていない問題が、小論文で扱う問題なのです。逆に言えば正解が決まっているなら、それは公民などの教科で扱えばよいのです。

小論文の問題＝正解をまだ誰も知らない問題

▼意見はどれを選んでもよい

こういう問題に対しては、まず「作り続ける」に対して、賛成か反対か、自分の意見をはっきりさせます。つまり「作り続けるべきだ」「もう、作ってはいけない」のどちらかの意見を選べばよいのです。

賛成を選ぶほうがよいとか、反対を選ぶほうがよい、とは言えません。どちらも選べますが、どちらかは選ばなければならない。逆に言えば、「原発問題では必ず反対しろ」とか「賛成しろ」などという小論文の指導が仮にあるとすれば、それは間違っているのです。

▼どこで評価されるか?

意見がどちらでもよいとすると、どこで評価されるのでしょうか? それは、根拠の部分です。理由がきちんと書いてある。それがくわしくわかりやすく説明されている。具体例もあってわかりやすい。こういう条件が満たされたときに、「よい小論文」と評価されるわけです。

根拠の部分が充実していれば、評価される

とりあえず「原発建設に反対」という立場をとってみましょうか。そうすると読んだ人に「なぜ?」と必ず聞かれるので「なぜなら、危険だからだ」と理由を書きます。もちろん、それだけで納得する人もいるでしょう。しかし、「どういう風に危険なの?」「どのくらい危険なの?」と聞く人も現れるでしょう。自分の意見に「なるほど!」と賛同してもらうには、丁寧に説明しなければなりません。

だから「どのように危険か?」を説明する。たとえば「放射線を浴びると、死んだり病気になったりする」「放射性物質に汚染された土地には住めなくなる」と書きます。「実際にはどうなの?」と言ってくるので「たとえば、チェルノブイリでは……」と例を出しましょう。

▼情報力を高める

このように例示では、自分がもっている知識が役に立ちます。どんなときでも適切な例を出すためには、日頃から「何が例に使えるかな?」と探している必要があり、ニュースや新聞を読んでいなければいけません。つまり、小論文を書くには、世の中に対する関心・興味も重要になるわけです。

▼「原発反対」で小論文を書いてみる

今まで学習したことに従って、次のような小論文を書いてみました。

1　原発建設は止めるべきである。**意見**　なぜなら、事故が起こったら危険すぎるからだ。**理由**　放射性物質が大量に漏れて、人間の生命や環境に大きな被害が起きる。**説明❶**　それを考えれば、原発を作る経済的メリットは、ほとんどない。**説明❷**

2　たとえば、チェルノブイリでは、原子炉のちょっとしたテストから、原子炉が暴走し、炉が破壊され、放射性物質が周囲に飛び散った。その結果、放射性物質で汚染されて周囲30kmは人間が住めなくなった。また、その片付けに当たった兵士、風下にあった都市の住民らが白血病などで死亡した。さらに、爆発で飛び散った放射性物質は、偏西風に乗って北欧にまで達し、家畜などに降り注いで大きな被害を与えた。**例示❶**

3　このような被害の可能性を考えるなら、事故が起こった場合の損害は莫大《ばくだい》なものになる。それを勘定に入れれば、原発の発電料金が安い、などとは必ずしも言えない。実際、3・11の事故では、関東圏全体が放射性物質に汚染されるとも言われた。そうなれば、何千万人もが退去しなければならず、日本の社会・経済はパニックに陥ったであろう。**例示❷**

4　このような危険な施設を、自然災害の多い日本で稼働させる危険は計り知れない。原発は即刻止めるべきであり、これからも建設し続けるなど論外なのである。**結論**

▼構造と内容を確かめる

問題は書かれていませんが、もちろん「これからも原発建設を続けるべきか？」です。最初の「原発建設は止めるべきである」が意見なので、直後に「なぜなら……からだ」を使って理由「危険だ」をあげています。その「危険」がどういうものかを説明したのが次の部分です。

❶ 人間の生命や環境に大きな被害が起きる

❷ 危険が大きすぎて経済的メリットを上回る

ここまでが段落**1**。その理屈を二つの例示で言い換えたのが、段落**2**・**3**です。まず、段落**2**では、1986年に起こった旧ソ連の「チェルノブイリ原発事故」で、人間が死亡したり病気になったりしただけでなく、付近に人間が住めなくなったり、他国に経済的損害を与えたりしたことを書きました。それから、段落**3**では、3・11の原発事故を受けて「関東圏全体の避難」の可能性があったことを述べました。もしそうなったら、日本経済の中心地が壊滅的被害を受けたはずです。

最後の段落**4**は結論です。内容は段落**1**冒頭とほぼ同じです。結論では新しい内容を書いてはいけません。今まで述べたことを、違った形で言い換えるだけで十分です。

	問題	これからも原発建設を続けるべきか？
1	意見＋理由＋説明	原発建設は止めるべき＋危険すぎる＋放射性物質で被害が起きる・経済的メリットも少ない
2	例示❶	チェルノブイリ事故：死亡・病気＋避難＋経済的損害
3	例示❷	3・11事故：関東圏全域避難の損害は莫大
4	結論	原発は即刻止めるべき＋建設も論外

▼小論文の基本形を理解する

さて、ここまでで明らかになったことをまとめておきましょう。

小論文の基本形

1. **小論文は文章の一つの形**
2. **小論文を書くとは、意見を書くこと**
3. **意見は、みなが考えている問題に、自分なりの解決のアイディアを出すこと**
4. **意見ははっきり書く**
5. **読者に納得してもらうためには、根拠が必要**
6. **根拠には、理由、説明や例示がある**

▼小論文では手順を守る

どうでしょう？　意見を言ったり書いたりすることは簡単なようですが、それを聞いたり読んだりした人に「なるほど！」と感じてもらうには意外に面倒な手順が必要のようですね。この手順を一つひとつ踏んでいくことで、読み手から「なるほどね！」と納得される小論文を書くことができるのです。

逆に言うと、小論文を書くときには、自分が今、何の部分を書いているのか、どこにいるのか、をいつも気にしている必要があります。つまり、問題をきちんと立てたか、意見を書いているか、根拠は抜けていないか、など、つねにチェックする必要があるのです。

問題 ＋ 意見 ＋ 根拠……自分は今どこにいる？

▼要素が抜けたらダメ

これらの要素がちゃんと書かれていないと、小論文の形になりません。たとえば、問題を立てないままに書いていくと、当然、意見も言えなくなるので、いつの間にか感想の羅列に終わってしまいます。また意見がはっきり書かれていなければ、「何を言いたいのか、よくわからない」と言われてしまう。さらに根拠がないままに意見を述べると、「言いたいことはわかるけれど、とても納得できない」と言われるでしょう。

こんな風に、そもそも小論文にならなかったり、書いたことをわかってもらえなかったり、小論文の目的を達成しなかったりということでは、せっかく書いた意味がなくなってしまいます。残念ながら、こういう小論文はすべて「悪い小論文」の見本であり、絶対にやってはいけないことなのです。

▼手順を知って、自分の位置を確かめる

だから、小論文を書くときは「自分の気持ちのままに自由に書く」ことはできません。もちろん、言いたい内容は自分の気持ちに正直でよい。でも、それを書く手順は一応決められていて、それに従って進めなければならない。さらに、自分の正直な気持ちだからOKというわけにもいきません。読み手から、いろいろ反応や疑問が返ってくることを予想して、それに答えられるような形で書くのです。

小論文を書く ＝ 読み手の反応に答えながら書いていく

練習問題

解答⬇別冊2ページ

1 次の文章は、ある新聞の社説の一部です。この文章で述べられている**問題**と**意見**と**根拠**を考えてそれぞれ書いてください。

関西電力大飯《おおい》原発3、4号機の再稼働が決まった。

野田政権は脱原発依存への道筋を示さないまま、暫定的な安全基準で再稼働に踏み切った。多くの国民が納得しないのは当然である。こんな手法は二度と許されない。

原発に絶対の安全はない。事故が起きたときの被害は甚大である。原発はできるだけ早くゼロにすべきだ。ただ、短期的には電力不足で日々の暮らしや経済活動に過大な負担がかかりかねない。どう取り組むか。

(朝日新聞　2012年6月17日　朝刊　社説)

問題

意見

根拠

2 次の文章で、最も大事な**問題**は何でしょうか。また、それを解決する**意見**は何でしょうか。それぞれア～エから選んでください。

家族が高齢者を介護するとさまざまな困難が伴ってうまくいかないことが多い。だから介護施設に任せるのだが、介護士の報酬が少ないので人が集まらない。結局、少ない人数で運営することになるので、介護士の負担だけが大きくなる。「やりがい」を強調するだけでは、介護は回らないのだ。

問題

ア　高齢者介護を介護施設に任せてよいか?
イ　介護士の報酬は十分か?
ウ　介護施設の介護士の数は十分か?
エ　介護に「やりがい」を強調するのは有効か?

意見

ア　家族による高齢者介護を義務づける
イ　介護士の報酬を上げる
ウ　介護施設に必要な介護士の数を増やす
エ　介護は重要な仕事だと教育する

問題

意見

基礎編　第2講

どういう文体で書くのか？

▼短くわかりやすく書くやり方

小論文は感想文ではない、と前講では書きました。小論文を書くなら、それにふさわしい書き方があります。この講では、小論文にふさわしい言葉や表現の選び方について学習しましょう。

まず、最初の原則は「なるべくわかりやすく書く」ということです。せっかく書いたのに、読む人にわかってもらえなかったら書いた意味がありません。それに比べれば、丁寧な口調かどうか、はどうでもいいことです。ですから、最初のアドバイスは簡単です。とりあえず「だ・である調」で書いてください。

小論文だけでなく、志望理由書も「だ・である調」で書いてよいのです。そのほうが、文章が簡潔で、わかりやすくなるからです。「『だ・である調』なんて無礼千万だ！」なんて怒る採点者はいません。

「だ・である調」で書く

▼「字数が埋まらない」という悩み

「でも、『だ・である調』だと、文章が短くなって制限字数が埋まらなくなって困る」なんて言う人もいます。たしかに、「です・ます調」で書いたほうが、同じ内容を書くのに字数を要します。ならば「です・ます調」で書いたほうが、制限字数が早く埋まって得だ、とそんなことを考える人もいるかもしれません。

しかし「制限字数が埋まらない」とこぼしているようなレベルでは、合格するのはそもそも無理です。合格するには、むしろ「書きたいことがたくさんあるのに、どうやって制限字数に収めたらよいのだろうか？」と悩むぐらいでなければなりません。制限字数が埋まらない、というのなら、まだまだやるべきことが多いし、勉強も足りていないと考えるべきでしょう。

▼簡潔な表現にする

体操など、競技では、難しい技を決めれば評価が高くなります。しかし、小論文では、難しい言葉や凝った表現を使っても、評価が高くなるわけではありません。「巧みな表現」とか「上手な比喩」も、うまい文章の徴《しるし》とされますが、気にする必要はありません。小論文でまず大事なのは、内容です。表現は、その内容をわかりやすく伝えるための手段にすぎません。だから、シンプルで使いやすい表現を選べばよいのです。

とくに「比喩」などは、基本的に使う必要がありません。「比喩」は、イメージを膨らませる手段として、物語文などでは重要なのですが、小論文では、むしろちゃんと理屈立てて説明できないから表現の工夫でごまかしていると見なされる場合も少なくないのです。

文末も「……は……である」という単純な言い切りの形を基本にしましょう。「……ではないだろうか」などと、わざと疑問文の形にする必要はありません。言いたい内容があれば、シンプルに言い切ればよいので、読者にいちいち問いかける必要はないのです。

例題1 問1～問3のA・Bの文章は、それぞれどちらがより小論文らしい文体でしょうか。(1)適当なものを選んでください。(2)また、なぜそう言えるのか、その理由として適当なものを、あとのア～オからすべて選んでください。

問1

A　今度の文化祭では、お好み焼きの屋台をやりたいです。私は実は広島出身で、お好み焼きの作り方をよく知っているからです。広島にいたときの友だちはみな「おいしい」と言ってくれたし、なので、きっとウケると思うよ。

B　今度の文化祭では、お好み焼きの屋台を出したい。なぜなら、私は広島出身で、お好み焼きの作り方をよく知っているからだ。実際、広島にいたときの友だちはみな「おいしい」と言ってくれた。きっと評判になるだろう。

(1)　(2)

問2

A　電車の中で高齢者に席を譲る必要はない。なぜなら、この頃の高齢者は元気で「老人扱い」されると嫌がるからだ。この間も、席を譲ろうとした人が「まだそんな歳《とし》じゃないから」と嫌味を言われていた。だから、高齢者が前に立っていても譲る必要はない。むしろ、寝たふりをしたほうが、相手も気が楽になるだろう。

B　電車の中で高齢者に席を譲る必要なんか全然ないよ。この頃の高齢者は元気で「老人扱い」されると嫌がる。そういえば、この間も、私が席を譲ろうとしたら「まだそんな歳じゃないから」と嫌味を言われちゃった。だから、高齢者が前に立っていても、私、絶対、寝たふりをするんだよ。

(1)　(2)

問3

A　よく、個人情報はとても大切なものだと言われます。だけど、よく考えると、私は、自分の個人情報をSNSにたくさん掲載しています。そして、そこにたくさんの「友だち」がアクセスしてくる。むしろ、「友だち」に個人情報を積極的に知らせていることになる。それなのに「個人情報流出は困るね」なんて言っています。何かおかしくないでしょうか?

B　個人情報は大切だ、と言われる。だが、よく考えると、私たちは、自分の個人情報をSNSにたくさん掲載して、そこにたくさんの「友だち」がアクセスする。むしろ、「友だち」に個人情報を積極的に知らせているのだ。それなのに「個人情報流出は困るね」などと言うのは矛盾している。

(1)　(2)

理由

ア　「だ・である調」になっている
イ　明快な接続表現を使っている
ウ　口語表現を避けている
エ　言い切りの形を主に使っている
オ　強調表現を避けている

例題1 解答

問1 (1)B (2)ア・イ・ウ・エ 問2 (1)A (2)ア・イ・ウ・エ・オ
問3 (1)B (2)ア・イ・ウ・エ・オ

例題1の考え方

問1 Aは、「やりたいです」などの「です・ます調」になっています。それに対してBは「出したい」と簡潔な言い方になっています。また、Aの「ウケる」という表現は、日常会話ではよく使いますが、文章では使われません。「評判になる」などに言い換えるべきでしょう。「なので」などの口語調の接続表現も同じですね。

　さらにAの「思う」も必要ありません。なぜなら、小論文はそもそも「自分の思ったこと」を書くのが基本なので、いちいち「……と思う」と断る必要はないからです。自分の**意見**は、言い切りの形を使えば十分です。

　Aを小論文らしくするために直すべき部分を確認しておきましょう。

A　今度の文化祭では、お好み焼きの屋台をやりたいです《です・ます調》。私は実は広島出身で、お好み焼きの作り方をよく知っているからです《です・ます調》。広島にいたときの友だちはみな「おいしい」と言ってくれたし《あいまいな接続》、なので《口語表現》、きっとウケる《口語表現》と思う《意見》よ《口語表現》。

問2 Bは、口語表現がかなりたくさんあります。「～よ」「～ちゃった」「～んだよ」などは日常会話でよく使うのですが、文章では使いません。だから、すべて言い切りの形にします。

　第二文「この頃の高齢者は元気で『老人扱い』されると嫌がる」は、第一文の「電車の中で高齢者に席を譲る必要なんか全然ない」という**意見**に対して、**理由**になりそうです。だとしたら、**理由**であることをはっきりさせるために「なぜなら……からだ」を付けたほうがよいでしょう。

　最後の「絶対」は強調表現です。こういう強調表現は、会話の中では力強く発音できるので効果がありますが、文章の中ではそういう効果がありません。カットしたほうがわかりやすいでしょう。

B　電車の中で高齢者に席を譲る必要なんか《口語表現》全然《強調表現》ないよ《口語表現》。この頃の高齢者は元気で「老人扱い」されると嫌がる。そういえば《口語表現》、この間も、私が席を譲ろうとしたら「まだそんな歳じゃないから」と嫌味を言われちゃった《口語表現》。だから、高齢者が前に立っていても、私、絶対《強調表現》、寝たふりをするんだよ《口語表現》。

問3 Aの「～もの」「～というもの」という書き方はよく行われますが、実はあまり意味がありません。ここも「大切なものだ」より「大切だ」と言い切ったほうが簡潔です。

　「よく考えると」のあとは「私は……」と自分の体験に即した言い方になっています。でも、基礎編第1講でも言ったように、小論文は体験に基づく感想文ではなく、読者と共有する**問題**に関して書かなければなりません。「私たちは」「我々は」などという主語のほうが共有している感じが出てくるでしょう。

　「そして」も、ややあいまいですね。「雨が降った。そして私は出かけた」という表現では、「雨が降る」ことと「出かける」ことの関係はよくわかりません。あいまいな接続表現は避けましょう。

　最後の「おかしくないでしょうか?」は疑問文です。でも、その答えは決まっていて「おかしい」です。こういうよけいな疑問表現も、なるべくしないほうがよいのです。

A　よく、個人情報はとても大切な《強調表現》もの《「～もの」表現》だと言われます《です・ます調》。だけど《口語表現》、よく考えると、私は《自分に限定》、自分の個人情報をSNSにたくさん掲載しています《です・ます調》。そして《あいまいな接続》、そこにたくさんの「友だち」がアクセスしてくる。むしろ、「友だち」に個人情報を積極的に知らせていることになる。それなのに「個人情報流出は困るね」なんて《口語表現》言っています《です・ます調》。何かおかしくないでしょうか？《疑問文》

小論文の文体の原則①

1 「だ・である調」を基本にする
2 口語表現ではなく、文章表現にする
3 言い切りの形を基本にする
4 強調表現は使わない
5 読者と共有できる内容・表現にする
6 接続表現は明快にする
7 「～もの」などよけいな表現を付けない

▼「私は思う」は、いらない

わかりやすく簡潔に書く、ということは、逆に言えば「よけいなことは書かない」ということです。重複やくり返し表現はできるだけ避けましょう。実は、みなさんの書く文章で一番よけいだ、と感じるのは「私は……と思う」あるいは「私は……と考える」という文句です。こういうフレーズは基本的に書く必要がありません。

なぜでしょうか？　前に書いたように、小論文は意見文だからです。意見とは自分の考えです。自分の考えを書くのが小論文の内容だとしたら、いちいち「これは自分の考えです」と宣言するのはよけいです。むしろ、自分の考えたことでない内容こそ、いちいち「……によれば～だという」などと、断らなければならないのです。

いちいち「私は……思う・考える」と書かない

▼なるべく言い切りの形にする

「……ではなかろうか？」などという問いかけもよけいな表現の一つです。これは難しい言い方で「修辞疑問文」などともいうのですが、疑問の形はしていても、言いたいのは「……である」という内容です。だったら、最初から「……である」と言い切ったほうがシンプルですよね。

これだけでなく、小論文では、なるべく一つひとつの文を「言い切り」の形で書くのがよいでしょう。推量が交じるときは「だろう」を付けても構いません。でも、ボンヤリしすぎないほうがよいから、「……かもしれない」よりは「……はずだ」などとはっきり言えたほうがベターです。

▼修飾は短くする

簡潔な文を書くコツは「頭を軽くして、行動をはっきりさせる」ことです。通常、文は「……が～する」という形が基本ですが、「……が」は主部、「～する」は述部といいます。このとき「……が」の主部をなるべく短くするのです。

具体的には、主部にかかる飾り言葉を短くするとよいでしょう。日本語では、修飾は名詞の前に来るので、修飾が長いと何が話題になっているかなかなかわからず、読むとイライラします。修飾を短くして、「……が」のイメージをなるべく早く出すと、読者は主語がすぐわかるので、読みやすくなるのです。

修飾を短く、行動の形を明確にする

例題 2 問1～問4の文にはわかりにくいところがあります。適切に書き直して、簡潔でわかりやすい表現にしてください（二文以上に分けても構いません）。

問1 このトンネルの驚異的な長さは、これまで世界一の長さを誇った日本の青函トンネルよりも2マイル長い。

問2 私は、少子化が急速に進行する日本社会は、これから、経済的衰退に向かう軌道にあると考える。

問3 情報を理解・評価しながら読解力を向上させる対策は、自分の経験と関連づけて建設的に批判する読解が必要である。

問4 日本人は、血液型と個人の性格というものは、しっかり結び付いてしまうと信じている。たとえば、A型は几帳面、B型は大雑把、AB型は変わり者という具合だ。だが、科学的根拠はなくて、A型に比べてAB型の数が約4分の1と「少ない」から、AB型に変わり者という性格を与えているだけなのだ。

例題 2 解答

問1 (例)このトンネルの長さは驚異的だ。日本の青函トンネルは、これまで世界一の長さを誇っていたが、その青函トンネルと比べても、このトンネルは2マイルも長いのだ。 問2 (例)日本社会では少子化が急速に進行している。そのため、これから経済的には衰退していくと考えられる。 問3 (例)読む力を向上させるには、ただ情報を理解・評価するだけでなく、自分の経験と関連づけつつ、建設的に批判することが必要である。 問4 (例)日本人は血液型と個人の性格が結び付くと信じている。たとえば、A型は几帳面、B型は大雑把、AB型は変わり者という具合だ。だが、科学的根拠はない。実際は、A型に比べてAB型の数が約4分の1と極端に少ないから、AB型に「変わり者」という性格を与えているだけなのだ。

例題2の考え方

問1 この文は、修飾の仕方が複雑になっており、主語と述語の関係も乱れています。もっと簡潔にする必要があります。

まず「このトンネルの驚異的な長さは」という主語は、修飾句が長いので、「このトンネルの長さは驚異的だ」という独立した文にしましょう。これが一番言いたいメッセージなので、冒頭に置きます。

それから、その長さがどれくらいか、を説明する部分を続けます。「このトンネル」と比較するのは「青函トンネル」なので、まず、「青函トンネル」の長さが「世界一長かった」ということを言って、それから、「このトンネル」がそれと比べても、もっと長い、と続ければ、メッセージが一つひとつ混乱なく伝わるでしょう。

このトンネルの驚異的な《修飾句が長い》長さは《主述の乱れ》、これまで世界一の長さを誇った日本の青函トンネルよりも《修飾句が長い》2マイル長い《主述の乱れ》。

⬅

このトンネルの長さは驚異的だ《主文》。日本の青函トンネルは、これまで世界一の長さを誇っていたが、その青函トンネルと比べても《比較》、このトンネルは2マイルも長いのだ《くわしい説明》。

問2 この文は主語が長すぎます。原因は、「日本社会」の前に「少子化が急速に進行する」と修飾が付いているからです。そこで、この修飾を述語にして、わかりやすくしましょう。

そのうえで、次の部分とのつなぎを考えると、「少子化」が原因になって「経済的衰退」に向かうという関係になるので、「そのため」という接続表現を使って、その因果関係をはっきりさせます。「軌道」の前も修飾が複雑なので、「衰退していく」と行動の形にします。

最後は「私は～と考える」表現なので、カットするか、残したいなら受け身の形にするとスッキリするでしょう。

私は、少子化が急速に進行する日本社会は《修飾句が長い》、これから、経済的衰退に《修飾が複雑》向かう軌道にあると考える《「私は～と考える」表現》。

⬅

日本社会では少子化が急速に進行している《修飾を述語にする》。そのため《接続表現》、これから経済的には衰退していく《行動の形にする》と考えられる《受身表現》。

問3 まず、冒頭の「対策」の前までの修飾が長すぎます。ここには「読解力が向上する」という動きが含まれているので、名詞の形にすると、意味がとりにくくなります。そこで、「読む力を向上させるには」と行動の形にすると、動きの感じがより明確になるでしょう。

さらに「情報を理解・評価」と「自分の経験と関連づけ」と「建設的に批判」は、難しそうな言葉が三つも並んでいるので、混乱します。そこで、「……だけでなく」を使って、「自分の経験と関連づけ」をメインの内容にして、それが「建設的に批判」するのに必要な条件であるとしてみましょう。こうすると、三つの関係がよくわかるでしょう。

情報を理解・評価しながら《力点が不明なつなぎ》読解力を向上させる対策は、自分の経験と関連づけて《あいまいなつなぎ》建設的に批判する読解が必要である。

⬅

読む力を向上させるには《行動の形にする》、ただ情報を理解・評価するだけでなく《力点を明確にする》、自分の経験と関連づけつつ《並列であると示す》、建設的に批判することが必要である。

問4 この文は、よけいな表現が使われています。まず「しっかり」という言葉はなくてもよいでしょう。一般に、形容詞とか副詞など修飾の言葉は使いすぎないことが大切です。

また「〜しまう」という完了表現もなるべく使わないようにしたほうがよいでしょう。完了は、日本語では「後悔の念」と結び付くことが多いので、論理的文章では感情的になりすぎる恐れがあります。

でも、一番問題なのは、カギカッコを強調表現に使っていることです。カギカッコを強調の意味で使っている文章を目にすることがありますが、この方法は基本的に間違っています。実際の日本語の文章では、強調で使われることはほとんどなく、「他人はそう言うけれど、自分はそう思わない」などという違和感を伝える表現になることがほとんどです。ここでは「変わり者」にカギカッコを移動しましたが、そうすることで、日本人はそう言うけれど、私はそう思わない、という表現になっています。

日本人は、血液型と個人の性格というもの（よけいな間接表現）は、しっかり（よけいな修飾）結び付いてしまう（よけいな完了）と信じている。たとえば、A型は几帳面、B型は大雑把、AB型は変わり者という具合だ。だが、科学的根拠は なくて（あいまいな重文構造）、A型に比べてAB型の数が約4分の1と「少ない」（カギカッコの強調）から、AB型に変わり者という性格を与えているだけなのだ。

⬇

日本人は血液型と個人の性格（簡潔な名詞）が結び付く（修飾・完了なし）と信じている。たとえば、A型は几帳面、B型は大雑把、AB型は変わり者という具合だ。だが、科学的根拠はない。（言い切りの形）実際は（接続表現）、A型に比べてAB型の数が約4分の1と極端に少ないから、AB型に「変わり者」（カギカッコの利用）という性格を与えているだけなのだ。

何をどう直したら、文章がスッキリするか？ ここで使った原則を確認してみましょう。どれも、よけいな表現を使わず、「何が何する」というシンプルな形にすることでは共通していますね。

小論文の文体の原則②

- **8** 主語と述語を対応させる
- **9** 名詞の前の修飾を長くしない
- **10** 「〜と考える・思う」表現は使わない
- **11** 動きを含む名詞は行動の形にする
- **12** 語句や文の関係を明確にする
- **13** よけいな修飾はしない
- **14** カギカッコを強調には用いない
- **15** 「〜しまう」という完了表現を多用しない

練習問題

解答⬇別冊4ページ

1 **次の文にはわかりにくいところがあります。適切に書き直して、簡潔でわかりやすい表現にしてください（二文以上に分けても構いません）。**

問1 日本は美しい自然も多いし、物価の面でも欧米に比べて住みやすいし、料理もおいしい。やはり、世界最高の国なのだろう。

問2 毎日5分の練習で外国語が上手になると言われ、何事も習熟するには1万時間かかるらしく、きっと328年かかる。

問3 社会というものは、相手がいる関係なので、個人の想《おも》いというものだけでは動かないのではないだろうか。

問4 英語は論理的で日本語は情緒的？　でも日本語は感情表現から始め、英語は学校で覚えた。習得過程が違う。

2 **次のAの文章を簡潔でわかりやすい表現にするため、Bの文章に書き直しました。その際、「小論文の文体の原則」のどれが使われているか、適当なものをア～カからすべて選んでください。**

A 現在、富士山には、大勢の登山客が持ち込んで落ちている大量のゴミがあるために、世界文化遺産になったけれど、世界自然遺産にはなれなかったのは、とても残念です。私は、富士山をきれいにするボランティアをつのって掃除をすればいいのではないかと思います。富士山好きな日本人は多く、インターネットで呼びかけたりすれば、きっと相当な人数が集まるのではないでしょうか？　みなでいっせいにやれば、そんなに時間はかからないのではないでしょうか？　また、ボランティアがゴミ拾いで活動している間は、ほかの者を登山禁止にしてしまえば、きっと早くゴミがなくなるでしょう。

⬅

B 現在、富士山には大量のゴミが落ちている。登山客が持ち込んだものだ。そのため、世界文化遺産にはなったものの、残念ながら世界自然遺産として認められなかったという。これをきれいにするには、ボランティアをつのって掃除をするのがよいだろう。なぜなら、日本には富士山好きな人が多いので、インターネットで呼びかければ、相当な人数が集まると予想されるからだ。みなでいっせいにとりかかれば、清掃にはそれほど時間はかからない。とくに、ボランティアが活動する期間は、ほかの者は登山できないよう規制すれば、早くゴミがなくなるはずだ。

ア 「だ・である調」を基本にする　**イ** 強調表現は使わない
ウ 「～と考える・思う」表現は使わない　**エ** 接続表現は明快にする
オ 言い切りの形を基本にする
カ 名詞の前の修飾を長くしない

基礎編 第3講 問題と意見の組み立て方

▼問題から小論文が始まる

基礎編第1講では、小論文は問題＋意見＋根拠という仕組みになっていると言いました。つまり、小論文を書くには、何よりも、問題がなければ始まらないのです。

「当たり前でしょう！」と言わないでください。世の中には、問題がない文章なんてたくさんあるので、私たちは、いちいち「どれが問題なのか？」などと考えないまま、読んだり書いたりしているので、小論文を書くときでも、つい問題がはっきりしないままに書き出すのです。

問題がない文章に引っ張られない

たとえば「読書感想文」は、「私はこの本を読んで、こんなことを感じました」という文章なので「この本には、こんなことが書いてある」と「私は、こんなことを感じました」の二つからなっています。日記も「今日、こういうことがありました」と「私は、こんなことを感じました」からなっています。もしかしたら「明日からは、こんな風にしようと思います」もあるかもしれません。これも、実際にあったことと感じたこととの二本立てです。

物語も、「こんな人がいました」と「こんなことをしました」の二つからなっています。たとえば「かぐや姫」なら「昔、竹から生まれた女の子がいました」と「その子が成長したら、たくさんの求婚者が出てきました」と「でも、結局、かぐや姫は月の世界に帰って行きました」からなっています。最初が「こんな人がいました」で、あとは、その人が「こんなことをしました」が続くので、ここにも問題はありません。

つまり、今まで小中学校で親しんできた文章では、「問題がなければ始まらない」という文章は、比較的少ないのです。でも、小論文だけは問題がなければ、絶対に始まらない！　問題があってなんとかしなくちゃならないと感じられなければ、そもそも小論文は書けない。それほど「問題」は大切なのです。

大学入試では、課題文を読んで小論文を書く形式の問題が多く出題されます。そこでこの講では、まず、課題文から小論文を書くための問題を見つける練習をしましょう。

小論文を書くには、問題を見つけなければならない

▼問題はどんな形をしているか？

では、問題はどんな形をしているのでしょうか？　まず、当たり前のようですが、問題は疑問の形になります。つまり、何か問題があるときは「……(だろう) か?」という表現が見られます。たとえば、次のように。

学校での学習時間を増やせば、英語は上達するか?
原発は、これからも作るべきだろうか?
少子化を解決するには、移民を増やせばよいのか?
なぜ、高齢者には席を譲らなければならないのか?

また、直接的に疑問の形で書かれていなくても、問題は隠れて背後にある場合もあります。具体的には、例題で見ていきましょう。

例題1 **問1～問4の文章には(1)問題が含まれているでしょうか。含まれていれば「あり」、含まれていなければ「なし」に丸を付けてください。(2)「あり」の場合は、その問題は何か、考えて書いてください。**

問1 私は、犬に就《つ》いては自信がある。いつの日か、かならず喰《く》いつかれるであろうという自信である。私は、きっと嚙《か》まれるにちがいない。自信があるのである。よくぞ、きょうまで喰いつかれもせず無事に過《すご》して来たものだと不思議な気さえしているのである。

（太宰治《だざいおさむ》『畜犬談』）

(1) **あり・なし**

(2)

問2 たとへば君　ガサッと落葉すくふやうに私をさらつて行つてはくれぬか

（河野裕子『森のやうに獣のやうに』）

(1) **あり・なし**

(2)

問3 英語は数えられるモノと数えられない物質の名前を文法的に区別するので、可算名詞と不可算名詞は表現の上で区別される。それに対し、日本語はその区別をしない。では、日本語と英語のその違いは、私たち日本語話者と英語話者の世界の見方になんらかの影響を与えているのだろうか。

（今井むつみ『ことばと思考』）

(1) **あり・なし**

(2)

問4 教育とは、「養育」、「訓育」、および「人間形成をともなった知育」である。われわれはそのように理解する。したがって、人間はまず最初は乳児であり、次に教え子となり、そして生徒となるわけである。

（イマヌエル・カント『教育学』加藤泰史《やすし》訳）

(1) **あり・なし**

(2)

例題1 解答

問1 (1)**なし** **問2** (1)**なし** **問3** (1)**あり** (2)例日本語と英語の違いは、それぞれの話者の世界の見方にどんな影響を与えているのか。 **問4** (1)**あり** (2)例教育とはどのような行為か。／教育では何をするのか。／教育とは何か。

例題 2 **次の文章には(1)問題が含まれているでしょうか。含まれていれば「あり」、含まれていなければ「なし」に丸を付けてください。(2)「あり」の場合は、その問題は何か、考えて書いてください。**

課題文 1

猫に名前を付けるのは難しい
休日の気晴らしにやるようなものじゃない
もしかしたら、ボクの頭がおかしいと君は思うかもしれないけど
でも、これは本当のことなんだ。猫は三つの違った名前を持たなきゃならない
まず、家族がいつも使う名前
たとえば、ピーターとか、アウグストゥスとか、アロンゾとか……
どれもこれも毎日使える名前ばかり
もっとかわいらしいのがよければ、少し変わったのもいいね
紳士向きだったり淑女向きだったり
たとえば、プラトンとか、アドメトゥスとか、エレクトラとか……
でも、これまたありきたりの名前
本当は、猫は特別な名前を持たなきゃならない
ちょっと変わっていて、えらそうな名前
じゃないと、どうして猫は、シッポをピンと立てたり
ヒゲを拡《ひろ》げたり、プライドを保ったりできる?
こういう名前は、数が限られているけど
たとえば、ムンクストラップ、クアクソ、コリコパッドとか……
その猫以外には付けられない名前だ
でも、何より、ここまでで言い残した一つの名前がある
それは、君が絶対わからない名前
人間ごときがどんなに調べても見つけられない名前——
でも、猫だけが知っている、誰にも教えたりしないけど
時々猫がじっと考え込むようにしているだろう?
なんでそんなことをしているかって? いつも同じさ
猫は一生懸命考えている
名前について、思索につぐ思索につぐ思索を重ねているんだ
言い表せるようで言い表されない
言い表せないようで言い表せる
深遠で不可思議な、たった一つしかない自分の名前について

(T・S・エリオット「猫の名付け方」途中省略あり 著者訳)

(1) **あり ・ なし**

(2)

例題 2 解答

(1)**あり** (2)(例)猫にどんな名前を付けたらよいのか。

例題1の考え方

問1 小説の冒頭部分です。「犬嫌い」の「私」という登場人物が出てきて、犬に対する独特の感情を述べているところです。だから、この文章自体には、問題はありません。ただ「なぜ、この主人公は、こんな妙な感情を犬に対して抱いているのか?」と読んでいる我々のほうで疑問をもち、問題を立てれば、小論文の題材になります。

問2 歴史的仮名遣いで書かれていますが、現代短歌です。女の人からの恋の告白の歌でしょう。「ガサッと落葉すくふやうに」という比喩が、突然の思いの告白を表す効果的な直喩になっています。「たとへば」と冗談めかして恋の思いを表しているところも、「君」という呼びかけも、学生言葉っぽくて面白いですね。「さらつて行つてはくれぬか」と疑問の形になっていますが、もちろん、これは問題ではなく、この中に出てくる「君」に対して、「私をさらって行ってほしい」と頼んでいるわけです。

問3 これは、疑問の形がかなりクッキリと出ています。「では」以降に疑問の形「日本語と英語のその違いは、私たち日本語話者と英語話者の世界の見方になんらかの影響を与えているのだろうか」があります。これを、そのまま利用して小論文を書くことができます。

問4 これは、直接的な疑問の形は出てきません。しかし「教育とは……」と定義の形で書いてあるので、裏に「教育とは、どういうことなのか?」という疑問が潜んでいることがわかります。こういう風に、直接の疑問の形は出ていなくても、問題はちゃんと背後にあるものもあるので気をつけなければいけません。

例題2の考え方

大学入試では、課題文として詩が出題されることもあります。

課題文1は詩ですが、ちゃんと問題はあります。「猫に名前を付けるのは難しい」というのですから、もともとの問題は「猫にどんな名前を付けたらよいか?」です。以下、その問題を解決する三つの意見が書いてあります。

まず、家族が使うありふれた呼び名と、ちょっと文学的で気取った名前、さらには、その猫だけの特別な名前。だんだん仰々しく、ありそうもない名前になっていくことがわかります。

最後には、「猫だけが知っていて、人間が知らない名前」が出てくる。もちろん、それは言葉になっていないかもしれない。でも、そういう名前を猫はもっているし、その名前についてよく考えているんだ、と言うのです。たしかに猫は瞑想《めいそう》しているように見えるときがある。なるほど、そういうことだったのか……と、読んでいくうちに、名前とは何か、言葉とは何か、と読者に考えさせる仕掛けになっているわけですね。

▼小論文の問題とはどういうものか?

世の中にはたくさんの疑問があります。ただ、どの疑問でも、小論文の問題になるわけではありません。たとえば「あなたはゴキブリが嫌いなのか?」は小論文になりません。なぜなら、これは「私」にだけ関わり、ほかの人には関係がないからです。「私」はゴキブリが大嫌いで、大部分の人が嫌いだとしても、中には好きな人がいるかもしれないし、議論して好きか嫌いかどちらかに決まるわけでもありません。小論文で使われる問題は、ほかの人にも関係あり、議論してどちらかに決まる可能性があるものでなければなりません。

小論文の問題は、他人にも関係ある内容

▼正解があるものは問題にならない

「1＋1は2なのか?」も小論文の問題にはなりません。なぜなら、1＋1が2であることは、もうわかっていることだからです。それについて、自分の意見を言っても2になることは動きません。私の意見に関わりなく、1＋1＝2は正しい。

「空はなぜ青いのか?」も子どもが聞きそうな質問ですが、これも、たとえば、空気の中で、青い色として感じられる波長の短い光が散乱するからだ、などと、ある程度物理の問題として説明がつきます。こういう風に、知識や情報で答えられる問題は各科目の問題にはなっても、小論文の問題にはなりません。

▼未解決の問題を考える

では、小論文で扱われる問題とは、どういうものなのでしょうか? それは、議論が白熱していて「現在のところ、まだ正解がわからない問題」です。もちろん、将来「これが正解だ!」という内容が出てくるかもしれない。しかし、今のところは、まだわからない。たとえば「学校での学習時間を増やせば、英語は上達するだろうか?」は、やってみなければわかりません。もしかしたら、週に1〜2時間増えたところで、あまり効果はないかもしれない。

基礎編第2講の練習問題にも出てきたように、何かの達人になるには、音楽でも語学でも、最低1万時間が必要だと言われています。だとすると、中学・高校と6年間やっても、それが週5時間程度だったら、40週で200時間、6年間で1200時間。全然足りません。たとえば、これを週6時間にしても、40週で240時間、6年間で1440時間。やっぱり足りない。

はたして、週2時間増やして、学習効果が上がるのだろうか? こういう問題は、小論文で扱うことができるのです。

答えがわからない問題こそ小論文で扱える

例題3 問1～問11の文は、(1)小論文で扱える問題でしょうか。ア「扱える」またはイ「扱えない」のいずれかを選んでください。(2)また、その理由をあとのa～dからそれぞれ選んでください。

問1 children は child の複数の形なのか？

問2 『土佐日記』を書いたのは紀貫之《きのつらゆき》か？

問3 二等辺三角形の底角は等しいか？

問4 宇宙の始まりはどうなっているのか？

問5 夕暮れの空は、なぜ赤くなるのか？

問6 $\sqrt{2}$は分数の形に書けるか？

問7 人は何のために生きるのか？

問8 私は、どんな人と気が合うのか？

問9 君は神様を信じるか？

問10 少子化を解決するには、移民を増やせばよいのか？

問11 水俣病《みなまたびょう》は工場廃液の有機水銀によって引き起こされた病気なのか？

理由

a 正解がまだわからず、多くの人に関係ある問題だから

b 知識や情報で答えられ、正解が決まっているから

c ほかの人に関係ない問題だから

d 専門的な知識が必要で、議論することが難しいから

例題3 解答

問1 (1)イ (2)b
問2 (1)イ (2)b
問3 (1)イ (2)b
問4 (1)イ (2)d
問5 (1)イ (2)b
問6 (1)イ (2)b
問7 (1)ア (2)a
問8 (1)イ (2)c
問9 (1)イ (2)c
問10 (1)ア (2)a
問11 (1)イ (2)b

例題3の考え方

問1 「children は child の複数の形である」という内容は、英語の文法で決まっている知識です。したがって、何が正解か、すぐわかるので、自分の意見を言う余地はありません。

問2 同様に、『土佐日記』の作者が紀貫之であることは、文学史によって明らかにされています。したがって小論文では扱えません。もちろん、「紀貫之ではなかったかもしれない」という別の証拠が出てきたら話は別で、議論の余地が出てきます。

問3 これも数学の定理なので、正しいに決まっています。

問4 これはちょっと微妙ですね。現代の物理学などで、「宇宙の始まり」についてビッグバンなどのかなり信用できる説が出ています。少なくとも、それをふまえなければ議論はできません。ただ、専門家の間では、意見が分かれるので、議論になり「論文」も書けそうですね。

問5 これも物理学の知識で、夕方には太陽の高度が低くなり、太陽光が通過する空気の層が厚くなるので、波長の短い青い光がより多く散乱するから、などと解決できます。小論文にはなりません。

問6 これは扱えません。$\sqrt{2}$が分数に書けないことは数学を使えば厳密に証明できます。$\sqrt{2}$が分数の形で表されない無理数であることは、みなさんも数学の知識として知っているでしょう。

問7 これは古来哲学者たちがいろいろ述べてきました。でも、決定的な答えは出てきていません。だから、議論の余地があるし、自分なりの意見も言えるはずです。

問8 自分だけにしか関わらない問題は、他人には興味がもてません。だから、小論文に書く意味がありません。

問9 **問8**と同様、一人だけにしか関わらない問題は小論文に書く意味がありません。

問10 「移民を増やす」ことにはメリットとデメリットがあります。どちらを重視するか、は議論の余地が大きいでしょう。

問11 これも科学者によって証明されているので、今さら小論文の問題にはなりません。もし、工場廃液の有機水銀によって引き起こされたものではない、という意見を言うとしたら、自分が科学的専門知識をもって証明しなければなりません。

▼意見を言える状況とは？

このように、意見が言えるのは、「今のところ、誰にも正解がわからない問題」であるときです。それに対して、正解がわかっている問題なら、正しい答えは決まっているので、読者には他者の意見を聞くメリットはありません。意見を聞きたいと思うときは、何が正解かわからないから、いろいろな人の考えを聞いて比較して、自分の態度を決めたいというときなのです。

だから、小論文では、「正解」を頼りにして書くわけにはいきません。たとえば、「環境問題」では、「『次世代のために、環境を守るべきだ』と書きさえすれば、高い点を付けてくれるはずだ」と言えませんし、そういうアドバイスは間違っています。だから、もし「こういう問題が出たら、こういう意見を書けば、必ず点がとれる」などと指南する参考書があったら、ちょっと疑っていいでしょう。

そもそも、環境問題だって「地球温暖化」を否定する人もいるし、「地球寒冷化」説を唱える人もいる。どちらが正しいのか対立があったり、温暖化が進行していたはずなのに冬が寒くなったり、など矛盾が見られるから、小論文でも取り上げられるのです。もうわかっている知識・情報なら、物理や地学などの科目で聞かれる問題になるはずです。

小論文は、今賛否がある問題を扱う

▼小論文と他の科目は違う

その意味で言うと、小論文で教える内容と他の科目で教える内容は大きく違います。英語や理科は、基本知識をまず覚え、それを組み合わせて問題の正解を導くという仕組みになっています。

たとえば、admitが「認める」という意味であることは基本知識であり、そのまま覚えなくてはいけません。これを「認めない」という意味で使うべきだ、とか私は「拒否する」という意味で使いたい、という意見は意味をなしません。admitは「認める」だと理解するだけでなく、それを否定文にするにも、英語には決まったやり方があり、I do not admit. としなければなりません。I admit not. と言えません（もちろん、他の言語では、こういう語順は可能です）。否定文の作り方にも決まったやり方があるので、それを覚えて組み合わせて解答を作るのです。

しかし、小論文では違います。知識はもちろん必要ですが、知識を組み合わせるだけでは小論文を書くことはできません。むしろ、「この問題は、こうなるに違いない／こうなるはずだ」と自分なりの推理・判断をしなければいけません。だから、本やネットに書いてあることを、そのまま写せば正解になるのではなく、「自分ならこう考える」と述べなければならないのです。

▼小論文の勉強法

だから、勉強法も他の科目とは違います。いくつかの原則は覚えなければならないのですが、それを守りつつも、さまざまな問題を自分で考えて書いていく、というプロセスのほうが大事になります。どう考えていけばいいかわからないところを、自分なりに考えて「こうではないか？」と推論していく。それを、ほかの人に見せてツッコミを入れてもらい、考え足りないところ、勘違いしたところを指摘してもらう。そのくり返しの中で、自分の考える力がついていくのです。

小論文では、自分なりに考える力が評価される

例題 4 次の文章を読んで、あとの問いに答えてください。

課題文2

交通事故や被害者の人権について、これから免許を取得する若い人に考えてもらいたくて、二木雄策《ふたつぎ》氏の『交通死』という本の読書リポートを課した。

大学生だった二木氏のお嬢さんは、自転車で交差点を横断中、赤信号を無視して突入してきた自動車にはねられて亡くなった。加害者の女性は執行猶予付きの判決で刑務所に入ることもなく、また、損害賠償の交渉も支払いも保険会社が代行した。加害者の信号無視で被害者は命を奪われたのに、加害者は以前と変わらぬ生活を送ることができるのだ。加害者に手厚い現行の諸制度は、人の命よりも車を重んじる社会だとの著者の主張には説得力があると私は思っていた。

（小笠原祐子《おがさわらゆうこ》「『何でもあり個人主義』の退廃」）

問1 課題文2は、(1)小論文の形になっているでしょうか。ア「なっている」またはイ「なっていない」のいずれかを選んでください。(2)また、その理由を次のa～eから選んでください。

理由
a 自分の経験と、そこでの感じ方を書いている
b 交通事故とは何かの説明に終始している
c 加害者に手厚い現行制度に対する批判文になっている
d 被害者が死亡したのに加害者は日常生活を送る矛盾を指摘している
e 人の命よりも車を重んじる社会を告発する文章になっている

(1)	
(2)	

問2 次の文章は課題文2の続きです。ここで問題を探すとしたら、どういうものになるでしょうか。最も適当なものをあとのア～オから選んでください。

課題文3

ところが少なからぬ学生の反応は予想をしないものだった。「加害者がかわいそう」だと言うのである。被害者の立場からの主張のみが述べられているのは「客観性に欠ける」という。私は頭を抱えてしまった。二木氏の文章は、娘を失った父親の沈痛な思いがせつせつと伝わってくるものの、決して激情に駆られて書かれたものではない。むしろよくここまで冷静に書けるものだと感心するくらいなのだ。もちろん加害者には加害者の人生がある。しかし学生たちは、その人生に豊かな社会的想像力を働かせるわけでもなく、単に、被害者側の見解だけでは一方的だと主張する。杓子定規《しゃくしじょうぎ》に客観的・中立的立場を求めなければいけないと思いこんでいるようなのだ。まるで立場の異なる二者の間で意見の対立が見られた場合には、足して二で割ればちょうどよいとでも言わんばかりに。

（出典は前掲と同じ）

ア 我が娘が交通事故で亡くなったのに、冷静に書いている
イ 立場の異なる場合、足して二で割れば正しい答えになるのか？
ウ 加害者の人生に豊かな社会的想像力を働かせるべきか？
エ 私は被害者に同情しているのに、学生は加害者に同情している
オ 事故の悲惨さを訴えているのに学生は加害者がかわいそうと言う

例題4 解答
問1 (1)イ (2)a 問2 オ

例題4の考え方

問1 課題文2では、自分の体験を書いていて、それに伴う自分の感じを書いているだけ。とくに、問題はなく、小論文の形になっていません。

問2 課題文3は「ところが」という逆接から始まっているので、前の部分と簡単に結び付かない。「反応は予想をしないものだった」というのですから、当初の予想と反した結果が出てきたのでしょう。予想は頭の中の考えで、学生の反応は現実に起きたことなので、「……となるはずなのに、そうなっていない」という矛盾の形になっていることがわかります。

交通事故の悲惨さを訴えた文章なら、当然「被害者がかわいそう」という反応が出るかと思いきや、「加害者がかわいそう」という意外な感想が出てきた。「どうして、そうなるんだ⁉」と筆者はびっくりしたので「私は頭を抱えてしまった」というわけです。

▼問題の形は「疑問・対立・矛盾」の三つ

このように、問題は「……(だろう)か?」という疑問の形だけで出てくるわけではありません。「Aさんは……と言うのだけれど、Bさんは……でないと言う」という対立の形もあります。この場合は、「さて、どちらが正しいのか?」という問題に行きつきます。

たとえば、「原発」については「再稼働すべきだ」「再稼働すべきでない」という対立があります。前者は、電力会社や政府、あるいは産業界の立場。それに対して、後者は、市民運動家、学者などが主張しています。これも「正解がわからない」状況でしょう。

「Aは……と言うが、Bは……でないと言う」という対立

さらに「理屈では……となるはずだったのに、現実はそうならない」という矛盾の形もあります。矛盾とは「二つのあり方が両立しない状態」ですね。たとえば「急がば回れ」は「急ぐ」のだったら、なるべく近道を行き、回り道をしてはならないはずです。でも実際は、回り道をしたほうが早い。「どうしてそうなるのか?」という疑問が湧くはずです。

「……となるはずなのに、現実はそうならない」という矛盾

これらの形は結局「どちらが正しいか?」や「なぜ、そうなるか?」という疑問に導かれます。

▼意見はどう書くか?

こういう問題に対して、意見はどう書くべきでしょうか? とりあえず、自分の立場をはっきりさせるべきです。いくら正直な気持ちでも「よくわかりません」がいけないのは、他の教科と同じです。

では「よく考えてみたい」と将来への決意を表現したら? やっぱりダメです。「あなたがよく考えた結果を、書いてください」と言われるだけでしょう。「みなでよく議論しましょう」とか「国民的に議論をすべきである」もダメです。小論文の問題として出てくるくらいですから、すでに、いろいろな人がいろいろな意見を出していて、議論ももう「盛り上がっている」と思われます。そこに「議論しましょう」とあらためて言っても、何の意味もありません。

すでに激しく議論が戦わされているところに「議論しようよ」と言っても、「今さら何言ってるんだ! それより君自身の意見を聞きたい」と言われるでしょう。ですから、どちらの立場でも、何かの立場をとって、その立場が正しい、ということを、反対の意見をもつ人も「なるほど!」と思えるような仕方で書いていくのです。

例題5 次の文章を読んで、あとの問いに答えてください。

課題文4

子どもは、大人の思い通りにはならない。だから、教育しても、だいたい目的とは反対の結果を作り出す。たとえば、授業が退屈だと、その時間は、自由な空想の時間へと早変わりするし、川で魚を捕まえるための作戦会議にもなるかもしれない。だから「教育で子どもを変化させられる」と簡単に考えるのは止《や》めたほうがよい。むしろ大人が教えようとしないことこそ、子どもたちは喜んで学んでいくのだ。

問1 (1)課題文4で扱っている**問題**は何でしょうか。疑問の形になるよう書いてください。(2)また、**意見**は何でしょうか。50字以内でまとめてください。

(1) ＿＿＿＿＿＿

(2) ＿＿＿＿＿＿（50字）

問2 問1(1)で答えた**問題**を、対立の形、矛盾の形にそれぞれ書き換えたとき、それぞれの文の空欄①～④に入る言葉を考えて書いてください。

【対立の形】

ある人は、［①＿＿＿＿］と言うが、ほかの人は、［②＿＿＿＿］と言う。（さて、どちらが正しいか？）

【矛盾の形】

教育は、子どもを成長させるために行われる。つまり、教育で［③＿＿＿＿］、と思われているのだ。しかし、現実は多少教育したくらいで［④＿＿＿＿］。（なぜ、そうなのか？）

問3 それぞれの問題の形に合わせて、**意見**を書き換え、**理由**や**説明**も加えたとき、それぞれの文の空欄⑤～⑦に入る言葉を考えて書いてください。

【対立の形】

答えは後者だ。教育で子どもは変えられたとしても、その結果は、［⑤＿＿＿＿］にはならない。だいたい、教育の［⑥＿＿＿＿］からだ。

【矛盾の形】

それは、子どもが、むしろ［⑦＿＿＿＿］からだ。大人が隠そうとすること、大人のみっともないところなど、子どもは気がつかないようで、実によく見ている。伝えようとすることがそのまま伝わるわけではなく、伝えたくないものほど伝わりやすいのだ。

例題5 解答

問1 (1)例教育で子どもを変化させられるか。(2)例教育の結果は大人の思い通りにはならない。むしろ大人が教えようとしないことを、子どもたちは学んでいく。（50字） 問2 ①例教育で子どもは変えられる ②例教育で子どもは変えられない ③例子どもは変わる ④例子どもは変わらない 問3 ⑤例大人の思い通り ⑥例目的とは反対の結果を作り出す ⑦例大人が教えようとしないことを喜んで学んでいく

例題5の考え方

▼隠れた問題を見つける

問1 「子どもは、大人の思い通りにはならない」と意見を言っているのだから、この背後には「子どもは、大人の思い通りになるか、ならないか？」という問題が潜んでいると思われます。

一方、4行目を見れば、「『教育で子どもを変化させられる』と簡単に考えるのは止めたほうがよい」とわざわざ書いてあるので、これは教育問題についてのコメントだとわかります。だから、問題は「子どもは、教育で、大人の思い通りになるか、ならないか？」つまり「教育で子どもを変化させられるか？」であることがわかります。

この問題に対する意見は、まず「子どもは、大人の思い通りにならない」あるいは「（教育では）子どもは変化させられない」となります。だったら、教育において子どもは何を学ぶのか？

最後の行にかけて「むしろ」という比較の表現があって「大人が教えようとしないことこそ、子どもたちは喜んで学んでいく」とあります。つまり、大人が教えたいことを子どもは学ばず、むしろ教えないことを学ぶわけです。これでは、教育の効果なんて期待できないですね。

▼問題の形を書き換える

問2 「教育で、子どもを変化させられるか？」を対立の形にするには、「ある人は……と言うが、ほかの人は……ではない、と言う」などという形にします。これも、結局「どちらの言うことが正しいか？」という疑問の形に直せますね。

それに対して、矛盾の形にするのは、ちょっと難しいかもしれません。「できると思ったのに、結局できなかった」という形に直さねばならないからです。

ここでは、教師の立場で考えてみます。教師だから、当然、教育の効果を信じているでしょう。自分が一生懸命やったら、きっと生徒の学力は向上するに違いない、と思って努力してきた。でも現実は、残念ながらそうならなかった、という仕組みで表現しているわけですね。

矛盾は、理想と現実の違いとして書くとわかりやすい

▼問題に対応して意見も書く

問3 この対立の形の問題は、二者択一で書かれているので、意見も、二つのうちの一つを選ぶという形で書くことができます。解答例では、そのあとに「思い通りにならない」の理由を「目的とは反対の結果を作り出す」と述べました。

一方で、矛盾の場合は、「なぜ、こういう矛盾が出てくるのか？」という疑問の形になるので、それに答えるには「（なぜなら）……からだ」という理由の形が必要になります。基礎編第1講でも述べたように、理由のあとには、それをもう少しくわしく説明する必要が出てきます。そこで、ここでは「大人が隠そうとすること……など、子どもは……実によく見ている」と「伝えようとすることが……ではなく、伝えたくないものほど伝わりやすい」という二つの文で言い換えています。

問題と意見の組み立て方

1. **小論文は問題から始まる**
2. **問題を解決するのが意見である**
3. **正解がない問題を、自分なりに解決する意見を書く**

練習問題

解答⬇別冊8ページ

次の文章を読んで、あとの問いに答えてください。

日本は「学歴社会」だと言われている。しかし、就職などでは、大学で何を専攻したか、どんな成績をとったか、についてはあまり考慮されず、入学偏差値の高い大学を卒業した学生が高く評価される。大学進学後の努力はカウントされないのだ。

それに対して、アメリカも「学歴社会」であるが、どのような専門を学んできたか、どんな成績をとったか、が重視される。さらに、医者・弁護士など高度な専門家を養成する教育は、大学院で行われ、入学には激烈な競争が行われる。

こういう国と比較すると、日本は、大学院に進学して専門教育を受ける人数は少なく、進学した場合も、就職に必ずしも有利とは言えない。高度な学歴をもつ者が、十分活《い》かされる社会ではないのかもしれない。

問1 この文章について、⑴**問題**は何でしょうか。考えて書いてください。⑵また、それはア「**対立**」、イ「**矛盾**」のどちらの形をとっているでしょうか。どちらかを選んでください。⑶また、⑴の問題を**疑問**の形に書き換えると、どうなるでしょうか。考えて書いてください。

⑴

⑵

⑶

問2 アメリカの例は、何のために出されているのでしょうか。最も適当なものをア～オから選んでください。

ア　アメリカは、日本よりいっそう激しい「学歴社会」であることを示して、「学歴社会」のもつ社会的弊害を強調しようとしている。

イ　アメリカでは、就職よりも高度な専門家を養成する大学院教育が重視されているので、日本とは違った「学歴」に対する価値観があることを示している。

ウ　日本と比較して、「学歴社会」のあり方が対照的であることを示し、そもそも日本が「学歴社会」と言えるかどうか、読者に疑いを抱かせている。

エ　日本は、先進国の中で、就職で「学歴」を重視するように、独自の「学歴」評価システムがあるので、アメリカよりすぐれていることをアピールしている。

オ　アメリカと比較してみると、日本はまだまだ「学歴社会」化しておらず、もっと「学歴社会」に向けて、グローバル化していかなければならないと主張している。

問3 このあとには、どんな結論が来るでしょうか。最も適当なものをア～オから選んでください。

ア　したがって、日本では「学歴」にたいした意味はない。むしろ、

「学歴」をもつ者が軽蔑される社会なのである。

イ　その意味では、日本は、むしろ「低学歴社会」と位置づけられ、「学歴」を重視していない、と考えられる。

ウ　アメリカの「学歴社会」は、日本よりずっと進んでおり、そのグローバル基準に合わせなければ、日本の競争力は失われてしまうだろう。

エ　だから、日本でも、医者・弁護士など高度な専門家を養成する教育は、大学院で行われるべきだろう。

オ　これからは、大学で何を専攻したか、どんな成績をとったか、をもっと企業などが重視して、就職の際の選考基準に反映させるべきだろう。

□

基礎編 第4講

段落の作り方

▼段落がない文章はない

どんな文章でも同じですが、文章は、たんに文がより集まったものではありません。複数の文が集まって段落を作り、その段落がより集まって一つの文章になります。

だから、段落のない文章はありえません。みなさんの書く文章で、ときどき段落がなく、だらだらと長く続く文章が見られますが、そういう文章は、それだけで減点の対象です。

▼段落とは何か？　目的は何か？

では、段落とは何でしょうか？　形から言うと、文章の中で、前の部分と行変えされて区別され、しかも1字下がっているところから始まって、次の1字下がっている場所の前までです。

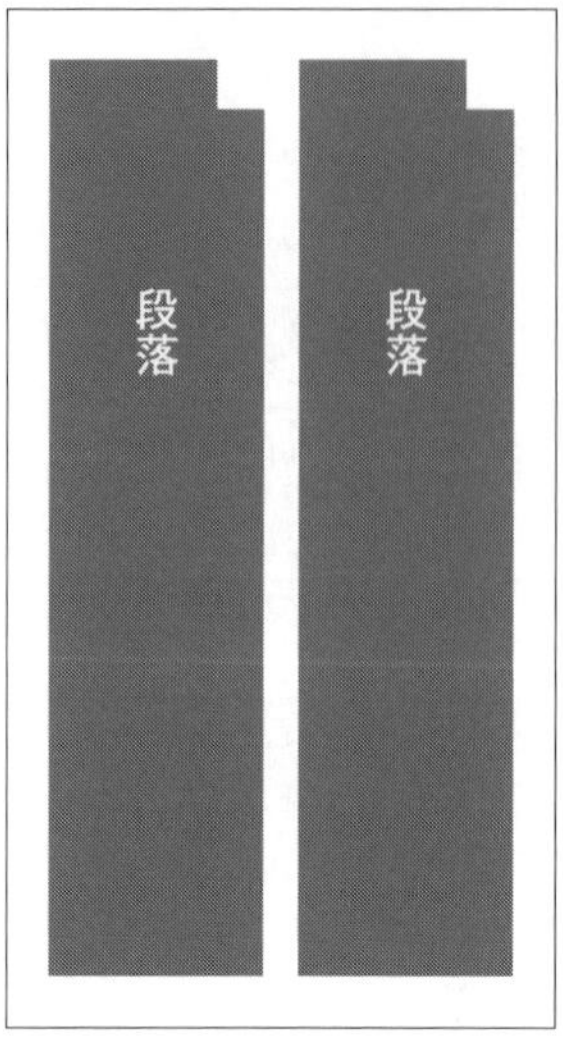

なぜ、わざわざ、こんなことをするのか？　まずは、読む人にとって、何が書いてあるか、をわかりやすく示すためです。一つの段落では、基本的に同じ内容が書いてあるのが原則で、それが段落の中で次第に深められていきます。だから、段落が切れると、内容も一区切りする徴《しるし》になるので、次の段落が来ると「ああ、ここからは違う内容になったな」とわかるわけです。

しかし、段落を切るのは、書いている自分の考えを整理して、明瞭にするためでもあります。気分次第で続けて書くと、さまざまな内容がゴチャゴチャになりやすい。それに対して、段落を意識すると、自分が何をどこまで書いたか、も見えてくるのです。

一つの段落は一つの内容を表す＋段落の中で内容が深められていく

読むほうとしても、同じ段落の中であれば、何を読んでいるか、前後の文を見れば、だいたい同じ内容が並んでいるので、全体の中で自分がどこにいるのか、わかります。一方で、書くほうでは、段落を切ることで、どこまで自分が書いているのか、どこまで考えを進めたか、自覚できる。逆に考えがはっきりしていないときには、どこまでを一つの段落にするか、どこで段落を終わらせるべきか、迷ってしまうわけです。

▼段落は、書き手と読み手の双方にとって必要

つまり、段落を切ることは、書き手と読み手の双方にとって必要だし有益なことなのです。反対に、段落が適切に切れていない、ということは、書き手が自分の考えをちゃんと整理できていないか、考えが混乱しているか、どちらかであることを示しています。

入試では、指定文字数３００字程度を目安として、それ以上の文字数の場合には、内容から判断して、段落分けをするよう心がけましょう。

例題1 **文章Aは、ある生徒が書いたものですが、段落が切ってありません。文章Bは、それを五つの段落に切ったものです。1～5の各段落ではどのような内容のことが述べられているでしょうか。あとのア～オからそれぞれ選んでください。**

A 課題文1

私は、外来植物であるモウソウチクを保護することは、おかしいとは思わない。なぜなら、私たちは京都の竹林を美しいと思い、モウソウチクは京都古来の植物と感じているからだ。実際は、中国起源のモウソウチクが日本に持ち込まれたのは、今から2000年ほど前だが、はたしてモウソウチクは、日本古来の植物でないので保護しなくてよいのか？ それは違うと思う。モウソウチク林は、京都古来の植物でなくても、京都の代表的な自然景観の一つであり、観光資源として古都のイメージづくりに、大いに貢献しているのである。ならば、保護すべきではないだろうか？ たとえ、保護すべきでなくても、伐採すべきとも言い切れない。竹林が人間の都合によって分布を決められ、人為的に拡大されてきたがために、その土地古来の多くの植物が犠牲になってきたのは事実である。では、嵯峨《さが》野古来の植生を取り戻すために嵯峨野の竹林を皆伐すれば、その問題は解決するのか？ やはり、それも違う。竹林を伐採すれば、必ず嵯峨野古来の植生が取り戻せるとは限らない。また人間の手を加えることになる。モウソウチクを保護するにしろ伐採するにしろ、私たちが関わるのである。よって、この問題については、もう一度よく話し合う必要があると思う。

B

1 私は、外来植物であるモウソウチクを保護することは、おかしいとは思わない。なぜなら、私たちは京都の竹林を美しいと思い、モウソウチクは京都古来の植物と感じているからだ。

2 実際は、中国起源のモウソウチクが日本に持ち込まれたのは、今から2000年ほど前だが、はたしてモウソウチクは、日本古来の植物でないので保護しなくてよいのか？ それは違うと思う。モウソウチク林は、京都古来の植物でなくても、京都の代表的な自然景観の一つであり、観光資源として古都のイメージづくりに、大いに貢献しているのである。

3 ならば、保護すべきではないだろうか？ たとえ、保護すべきでなくても、伐採すべきとも言い切れない。竹林が人間の都合によって分布を決められ、人為的に拡大されてきたがために、その土地古来の多くの植物が犠牲になってきたのは事実である。

4 では、嵯峨野古来の植生を取り戻すために嵯峨野の竹林を皆伐すれば、その問題は解決するのか？ やはり、それも違う。竹林を伐採すれば、必ず嵯峨野古来の植生が取り戻せるとは限らない。また人間の手を加えることになる。

5 モウソウチクを保護するにしろ伐採するにしろ、私たちが関わるのである。よって、この問題については、もう一度よく話し合う必要があると思う。

ア 「よく話し合うべきだ」という**結論**

イ 「モウソウチクは保護すべき」という**意見**とその**理由**

ウ 前の段落からの**帰結**「モウソウチクは伐採すべきではない」

エ モウソウチクは外来植物だが京都のイメージづくりに貢献しているという**説明**

オ 「竹林を伐採しても解決しない」という**指摘**

1	2	3	4	5

例題1 解答

1 イ　2 エ　3 ウ　4 オ　5 ア

例題1の考え方

課題文1 文章Aは、最初の1字分だけは下がっているものの、あとはずらずらと切れ目なしに続いていて、複数の段落に切れていません。これではダメですね。文章Bのように段落を切る手順を確認してみましょう。

▼段落は複数文で構成される

まず、段落は、基本的に複数の文からなることを覚えておきましょう。できれば「三文以上」で構成されるべきだ、と言われますが、二文でも許されます。小説などでは一文で一段落にする場合もありますが、論理的文章の場合は、一部の例外を除いて、そういうわけにはいきません。だから、第一文と第二文の間で切るわけにはいきませんね。

最初の文は筆者の意見です。省略されていますが、この前には、きっと「モウソウチクは外来植物なのに、保護しなくてはいけないのだろうか?」などという問題が隠れているのでしょう。次の文は、その理由です。小論文では、問題に対する意見を書くときには必ず根拠がなければいけません。ここは「なぜなら〜からだ」と理由が付いていますから、理由の終わりまでは、とりあえず一つの段落にしましょう。

でも、次の文は「はたしてモウソウチクは……保護しなくてよいのか?」と疑問の形になっているので、今までの内容とは違う新しい問題が出されています。したがって、この疑問文の前で段落を切ることになります。

意見と根拠は一体である

もちろん、問題とそれに対する意見も一体の内容ですから、「はたしてモウソウチクは……保護しなくてよいのか?」に対する意見に当たる「違う」と、その根拠である「古都のイメージづくりに……貢献している」も一つの段落でなければなりません。

でも、次の文は「ならば、保護すべきではないだろうか?」で、また違った問題が立てられます。ですから、「ならば」の前で段落を切ることになります。この段落は、次の問題「では……竹林を皆伐すれば、その問題は解決するのか?」の前まで続きます。

問題と意見も一体である

ただし、段落3の「ならば、保護すべきではないだろうか?」と段落4の「では……竹林を皆伐すれば、その問題は解決するのか?」は一つの段落でも構いません。段落4の意見の形を見てみると、「やはり」が出てくるので、段落3の内容とのつながりが強いことがわかるからです。

次の「保護するにしろ伐採するにしろ」は、「……するにしろ……するにしろ」とどちらでも結局同じことになる、と言っているので、まとめになっています。しかも「よって」があるので、ここが結論部だとわかります。結論であることを明確にするため、ここを一段落とします。

▼内容が一体なら段落も一緒

こんな風に、別々の文で書いてあっても、問題・意見・根拠など、内容のつながりが強いところは、基本的に一段落にまとめます。ただ、根拠のところは、理由・説明は一つながりで書く場合が多いのですが、例示は具体的描写が多くなって長くなりがちなので、別の段落にしてもよいでしょう。いずれにしろ、文章を書くときは、複数の段落に分けることが必要なのです。

▼段落の仕組み——ポイント・センテンスを立てる

さて、段落の内容は基本的に一つだ、と言いました。でも、段落は二つ以上の文から成り立っています。もし、段落の内容が一つならば、一段落の内容を一文で言えないでしょうか？

　これは当然の疑問ですが、答えは簡単です。一段落の内容は、もちろん一文で言えるし、そういう文が段落の中には、必ず含まれるべきなのです。この文をポイント・センテンスといいます。

　では、その一文以外の文は何なのでしょうか？　はっきり言ってよけいなところです。だから、削って短くできます。短くすることを「要約」といいますね。もちろん、よけいな文も、ちゃんとそれなりの働きをしています。たとえば、大事な一文をわかりやすく言い換えていたり、具体例を出していたり、大事な一文に対して補助的・補足的な役割を果たしているわけです。

段落内容は一文で表せる

　これは、ちょうど料理のようなものかもしれません。メインの材料は肉とか魚とか一つなのだけれど、それと野菜など、他の材料を取り合わせたり、ソースや調味料を加えたりすることで、食べ物としてのおいしさとまとまりを出すわけです。

▼ポイント・センテンスは最初に置く

　小論文では、一段落の内容を表す大事な一文である**ポイント・センテンス**を段落の冒頭に置く「**ポイント・ファースト**」が原則です。なぜなら、そのほうが読者に対して親切だからです。段落の頭を読んだだけで、だいたい何があとに書いてあるかわかるのです。

　実は、英語の論理的文章では、この原則が日本語以上に厳格に守られています。だから、パラグラフ・リーディングといって、段落の頭だけを読んでいくと、文章全体の内容がわかる、という手法もあるのです。逆に、書くときにも「段落冒頭にポイント・センテンスを立てて書け！」と口を酸っぱくして言われるのです。

　日本語では、この原則が英語ほど徹底されていません。そのため、文章を読むときは、必ずしもパラグラフ・リーディングが使えるとは限りません。しかし、書く場合には、この原則を守れば、確実にわかりやすくなるので、なるべく、この書き方を守って欲しいと思います。

段落の構造 ＝ 段落全体の内容を表す冒頭の一文 ＋ 補助的な情報

▼段落の基本構造

　たとえば、課題文1文章Bの段落1なら「私は、外来植物であるモウソウチクを保護することは、おかしいとは思わない。」がポイント・センテンス。二文目「なぜなら、私たちは京都の竹林を美しいと思い、モウソウチクは京都古来の植物と感じているからだ。」が、その理由となって、第一文の内容を支えています。つまり、補助的な情報（サポーティング・インフォメーション）になっています。

　結局、段落の基本的な構造は、冒頭に、段落全体の内容を表す一文が置かれ、そのあとに、補助的な情報がいろいろ並ぶ仕組みになっているわけです。でも、頭で考えるときは、必ずしもそうなってはいません。理由が先に思い浮かぶときもしばしば。だから、頭の中の考えを書くときは、順序を変えてわかりやすく書き直す必要があるのです。

例題 2 課題文1 文章Bの段落2は、どんな仕組みになっているでしょうか。最も適当なものを、あとのア～オの中から選んでください。

B 2 実際は、中国起源のモウソウチクが日本に持ち込まれたのは、今から2000年ほど前だが、はたしてモウソウチクは、日本古来の植物でないので保護しなくてよいのか？　それは違うと思う。モウソウチク林は、京都古来の植物でなくても、京都の代表的な自然景観の一つであり、観光資源として古都のイメージづくりに、大いに貢献しているのである。

ア 前半は、最初に「いつモウソウチクが日本に持ち込まれたのか？」という問題が書かれて、それに対する意見が続いているが、後半は、京都を例にして、モウソウチクの大切さが強調されている。

イ 最初に、モウソウチクをめぐる歴史を紹介して、それを根拠にして、後半は、京都では、モウソウチク林を保護すべきだという自説を主張している。

ウ 「保護しなくてよいのか」と問題提示して、それを否定して「保護すべき」と述べる。後半は、その根拠として「モウソウチクが京都の観光に役立つから」と述べている。

エ 最初に、モウソウチクをめぐる歴史を紹介して、保護すべきだと主張しているが、後半は「京都の観光資源」についての説明に内容がずれてしまっている。

オ 前半は、最初に問題が書かれて、それに対する意見が続いているが、後半では、それをくわしく述べて、意見がより印象的になるように操作している。

例題 3 次の文章は、ある大学に提出された志望理由書です。(1)この文章の中で、一番大切な内容が表されている一文を、抜き出してください。(2)また、この文章は一段落で構成されていますが、どこかで段落を切って全体を二段落にするとしたら、どこがよいでしょうか。第二段落の初めの5字を抜き出してください（句読点も字数に数えます）。

課題文2

私は、大学で「風土と信仰」をテーマに研究したい。きっかけになったのは、中学のとき「隠れキリシタンの生活とその処罰」をテーマに総合的学習で調査したことである。それまで、隠れキリシタンは天草など日本の一部にしか存在しなかったと思っていたが、郷土史を読み進めると、東北にも存在していたことがわかった。全国の広範囲に隠れキリシタンが生活し、しかも、信仰のあり方はもともとのキリスト教からは大きく離れて、それぞれの在来宗教と一体化し、変化していったらしい。その変化を追っていくうちに、キリスト教だけでなく、さまざまな信仰が日本に流入した後、日本の風土と生活にあわせて変化していることに気づいた。たとえば、日本の仏教では、中国・韓国と違って僧にも妻帯を認め、戒律がほとんどなくなっている。何がこのような変化を生み出したのか、宗教と社会の関係のあり方を比較検討してみたい。

(1)

(2)

例題2 解答
ウ

例題3 解答
(1)私は、大学で「風土と信仰」をテーマに研究したい。
(2)その変化を

例題2の考え方

これは、段落の構造を考える設問です。ただ、課題文1は、生徒の書いた文章なので、ポイント・センテンスが先行して、サポーティング・インフォメーションが追いかけるという原則通りにはなっていません。むしろ、十分に整理されていないので、途中に疑問文が入ってくるなど、ちょっと複雑な構造をしています。

小論文の基本は問題と意見なので、疑問文が出てくると、しばらくその話題で文章を進めなければなりません。だから「保護しなくてよいのか？ それは違う（問題＋意見）」がここの段落の骨格になります。つまり「保護すべきだ」というのが、この段落で言いたいこと。その根拠がすぐあとに書いてあるのです。具体的には「モウソウチク林は……京都の代表的な自然景観……であり、観光資源として古都のイメージづくりに……貢献している」が理由になりそうです。

「なぜなら……からだ」の形にはなっていませんが、「なぜなら……からだ」を使って「なぜなら、モウソウチク林は京都の代表的な自然景観の一つであり、観光資源として古都のイメージづくりに貢献しているからだ」とすれば、内容的に理由になっていることがわかりますね。

では、「実際は、中国起源のモウソウチクが日本に持ち込まれたのは、今から2000年ほど前だ」は何でしょうか？ これは、モウソウチクが外来植物であることの説明になっていますが、説明はメインの内容ではありません。だから、無視しても構いません。

例題3の考え方

第一文は、ポイント・センテンスになっています。それに続く「きっかけになったのは」で始まる第二文は、その理由というか、なぜ、そういう気持ちになったのか、という端緒＝きっかけを示しています。第三文は第二文にあった「総合的学習で（の）調査」の中身の説明です。第四文は、その説明の続きで、これら二つの文で「きっかけ」がどのようなものであったのか、がわかるようになっています。

それに対して、第五文の冒頭を見てみましょう。「その変化を追っていくうちに……」と変化を暗示する言葉があるので、前の内容から、何らかの違いが出てきたことがわかります。だからここで段落を切ってよいでしょう。

実際、その先で「キリスト教だけでなく、さまざまな信仰が……」とあるので、前で説明していた「キリシタン」の範囲を超えて、宗教一般に話題が広がっていきます。だから、例示もキリスト教ではなくて「仏教の戒律」になってきます。

【第一段落】キリスト教

↓

【第二段落】さまざまな信仰

（例示：仏教の戒律もほとんどなくなった）

最後では、「何がこのような変化を生み出したのか、宗教と社会の関係のあり方を比較検討してみたい」と、冒頭の一文の内容「『風土と信仰』をテーマに研究したい」を、別の形でくり返しています。結論部では、冒頭のポイント・センテンスと同じ内容が書かれることが多いのです。このように、ポイント・センテンスと補助的な情報を区分けして書くのが、わかりやすい段落を作るためのコツです。

例題 4 次の段落は、ある文章の冒頭の段落です。これを読んで、あとの問いに答えてください。

課題文 3

咀嚼《そしゃく》は、食物を小さな破片に解体して、消化酵素に触れる表面積を拡大する。われわれが食物を噛《か》むときには、破片が可能な限り十分に小さくなり、唾液とよく混じり合って食道をスムーズに下りていけるようになるまで、噛み続けるべきだ、というのが現行の見解だ。しかし王立協会紀要でプリンツとルーカスは、咀嚼の別の機能を力説している。小片が散らばって気管に入る危険がなく、安全に飲み込めるような食塊にまとまるまで噛み続けるべきだが、長く噛みすぎてもいけないという結論だ。噛みすぎると、過剰な唾液が結合力を弱めて、食塊がばらばらに壊れてしまうからだ。

（R・マクニール・アレグザンダー「噛む回数の最適化」竹内薫訳『知の創造――ネイチャーで見る科学の世界1』所収）

問1 **この段落の中でのポイント・センテンス（一番大事な内容を表す一文）はどれでしょうか。それを抜き出してください。**

問2 **ポイント・センテンス以外の部分は、どういう役割を果たしているでしょうか。当てはまるものをア～カからすべて選んでください。**

ア　世の中の主流である現行の見解に反対して、あえて反対の内容の意見を述べることで、常識を否定して論争を巻き起こそうとしている。

イ　咀嚼にはどういう働きがあるのかをくわしく説明して、食物を唾液とよく混じり合わせる大切さを説いている。

ウ　プリンツとルーカスの主張と現行の見解を対比させることで、長く噛み続けることの重要性を強調している。

エ　唾液が過剰だと、結合力が弱まることを、プリンツとルーカスの主張が正しいと筆者が主張する根拠にしている。

オ　十分に咀嚼するのは、破片が可能な限り小さくなって、唾液とよく混じり合って食道をスムーズに下りていく、という目的があるのだ、と注意を喚起している。

カ　プリンツとルーカスの主張と常識的見解を対比させたり、咀嚼にはどういう働きがあるのかをくわしく説明したりして、彼らの主張が正しいことの根拠を示している。

問3 **課題文 3 を前半と後半の二段落に分けるとすると、どこで切るべきでしょうか。前半の段落の最後の5字を抜き出してください（句読点も字数に数えます）。**

例題 4 解答

問1 小片が散らばって気管に入る危険がなく、安全に飲み込めるような食塊にまとまるまで噛み続けるべきだが、長く噛みすぎてもいけないという結論だ。

問2 カ　問3 の見解だ。

例題4の考え方

ふつうなら、ポイント・センテンスは段落の冒頭にあるのですが、ここでは、そうなっていません。なぜか？　この段落が文章全体の始まりになっているからです。

▼論理的文章は「常識」を否定する

論理的文章では、自分のオリジナルな意見を言わなければなりません。つまり、その意見は、今までほかの人によって言われていた内容と違っている必要があるのです。しかも、読者は、ほかの人によって言われていた内容は知っていても、筆者が言う「新しい内容」については知りません。

したがって、そういう文章は、まず、今まで「常識」とされていた考えを述べて、それからそれを打ち消す形で、自分の新しい意見を言う、という順番で書かれます。あえて言うなら、論理的文章は「反常識」を目指すわけです。

論理的文章は反常識＝まず常識を紹介→それを否定するという順序になる

▼常識はどこまでか？

問1 課題文3では、4行目の「……現行の見解だ」までが、その「常識」に当たります。したがって、言いたいこと（意見）の中心は、4行目よりあとにあるわけです。当然、ポイント・センテンスも、そのあとにあるわけで、今までの咀嚼に対する「常識的な見解」と対比される内容です。だから「しかし」で始まる次の二文が「言いたいこと」でしょう。一文目は「前と違う」ということを表しているだけなので、二文目が内容としては中心ですね。

> しかし王立協会紀要でプリンツとルーカスは、咀嚼の別の機能を力説している。小片が散らばって気管に入る危険がなく、安全に飲み込めるような食塊にまとまるまで噛み続けるべきだが、長く噛みすぎてもいけないという結論だ。

整理すれば「（咀嚼は）小片が散らばって気管に入る危険がなく、安全に飲み込めるような食塊にまとまるまで噛み続ければ十分であり、それ以上は必要ない」という内容でしょう。つまり、「なるべく長く噛み続けるべきだ」という今までの見解を否定しているわけですね。

問2 したがって、選択肢で、どれを選べばよいかも、これまでの説明から明らかでしょう。つまり「現行の見解」と対比するなどして、プリンツとルーカスの「新しい見解」の根拠を述べていると説明している**力**を選べばよいのです。

▼あえて段落を分ける

問3 この文章は、次のように、段落を分けることができます。こうすれば、第一段落と第二段落が対比されて、言いたい大事な内容が第二段落の冒頭近くに位置することになります。

> 咀嚼は……表面積を拡大する。われわれが食物を噛むときには、破片が可能な限り十分に小さく……なるまで、噛み続けるべきだ、というのが現行の見解だ。
>
> しかし……プリンツとルーカスは、咀嚼の別の機能を力説している。小片が散らばって気管に入る危険がなく、安全に飲み込めるような食塊にまとまるまで噛み続けるべきだが、長く噛みすぎてもいけないという結論だ。噛みすぎると……食塊がばらばらに壊れてしまうからだ。

練習問題

解答➡別冊10ページ

1 次の文章は、ある大学に提出された自己評価書です。自己評価書は、自分がどういう人間なのか、どういう美点をもっているのか、を読み手に知らせ、大学に入るべき資質を備えていることをアピールするための文書です。これを読んで、あとの問いに答えてください。

私は小学校以来12年間、一貫して野球を続けてきました。その活動で学んだのは仲間との団結とビジョンをもって頑張るという精神力でした。とくに、高校の練習は厳しく、走り込みや筋力トレーニングなどは中学校の数倍の量をこなしました。冬も川沿いの道を何キロも往復し、足腰を鍛えました。厳しい試練でしたが、常に勝つことをイメージして、体力・精神力を強化しました。厳しい練習の中でも辞めようと考えなかった理由は「勝つ喜び」と「野球の難しさ」を知っていたからです。勝とうと決意するだけでは勝利は生まれない。むしろ、無心になることが勝利につながります。実際、初めての登板では、監督に「勝ち負けは意識しないで、課題を見つけて次の試合に生かすようにしなさい」と助言されたことで、緊張がほぐれました。私たちのチームは、今年の夏の大会は4回戦まで順調に勝ち上がり、ベスト8を賭け、I高校と対戦し、激しい投手戦の末、3対3のまま延長戦となり、11回に一挙4得点を挙げて7対3で勝ちました。準々決勝のW高校との試合は0対5で負けましたが、初の県ベスト8進出を果たしました。私は控え投手で登板の機会はなかったのですが、仲間との団結心があったからこそ、このような結果を出すことができたと考えています。

問1 この文章の中で、書き手が一番言いたいことは何でしょうか。文章をふまえてまとめてください。

問2 この文章は一段落でできていますが、全体を五つの段落に分けて読みやすくするには、どこで切ればよいでしょうか。第二段落から第五段落の初めの5字を、それぞれ抜き出してください（句読点も字数に数えます）。

第二段落：

第三段落：

第四段落：

第五段落：

2 **次の文章は二段落で書かれています。これを読んで、あとの問いに答えてください。**

　現代では、情報機器を駆使する人がいる一方、それを扱えない人が大勢いる。たとえば、私の祖父母も、コンピューターは扱いたいらしいが、視力の低下や自分の能力への不信もあって、二の足を踏んでいる。最近はスマートフォンなど、ずいぶん扱いやすくなったはずなのに、慣れるまでの時間と労力を考えて止《や》めてしまう。このように、情報化に伴い、人々の間で格差が進行しているのだ。

　とくに、こういう高齢者には、地方自治体が情報化への環境作りをする必要がある。たとえば、富山県の山田村では、モデル事業の一環として「一家に一台のPC支給」を実現させ、操作方法の指導も行っている。こうして、高齢者も情報に容易にアクセスできるようになった。高齢者の社会参加機会を広げることが、日本経済の発展にもつながるはずだ。

問1 **それぞれの段落のポイント・センテンスの文末の8字を抜き出してください（句読点も字数に数えます）。**

第一段落：

第二段落：

問2 **文章全体の要約を50字程度で書いてください（句読点も字数に数えます）。**

50

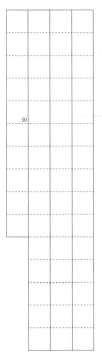

基礎編 第5講

課題文を要約する

小論文の問題を解くときに、最初に必要とされるのは「要約の技術」です。「要約」とは、読んだ文章の大切な内容を抜き出して、短くまとめることをいいます。

要約＝読んだ文章の大切な内容を抜き出して短くまとめる

「地球温暖化について簡潔にまとめなさい」などという単純な問題は多くありません。むしろ、地球温暖化なら、温暖化についてのひとつながりの文章を読まされて、まず「この文章は何についてどういう主張をしているのか要約しなさい」と指示されて、それから「それについての自分の考えを書きなさい」となるのが、圧倒的に多い出題パターンです。

こういう場合には、課題文の内容を短くわかりやすくまとめて書き、それから、その内容についての自分なりの意見を書きます。まず要約してから、小論文を書くという順序になるのです。

まず要約して、それから自分の意見を書くのが常道

▼要約する手順はどうなるか?

要約するには、具体的にどのような手順を踏んだらよいのでしょうか?

まず、課題文を一読して、最初と最後の段落によく出てくる言葉に注目して抜き出します。これは話題、つまり、この文章が何について書いてあるか、をつかむためです。話題はたいてい「……について」という形で表すことができます。たとえば「生物多様性について」「大学に入学する意味について」など。

次に、その話題を問題の形に直して整理します。たとえば「生物多様性とは、どういう意味をもつ言葉か?」「大学では教養を得るべきか、それとも、職業技術を習得すべきか?」など、基礎編第3講で学習した疑問・対立・矛盾などの形にします。もちろん、課題文の中では、それに近い形で「問題提起」が行われているはずなので、課題文の提起した問題とずれないように、整理する必要があります。

話題を問題の形にして整理する

▼問題に対応する意見を探す

問題が整理できたら、今度は、それに対応する意見を探します。つまり、問題に対して、どんな答えを筆者が用意しているか、です。たとえば、「生物多様性とは、……である」とか「大学では、職業技術より教養を学ぶべきである」というような形で書かれている文です。意見はだいたい、問題の直後か、そうでなければ、文章の最後の段落に出ていることが多いでしょう。

したがって、問題が何かわかったら、途中に書いてある根拠や例示を飛ばして、最後の段落に飛んで行って、意見になりそうな内容を探す、というような読み方もできます。この問題と意見をまとめたものが「要約」なのです。

要約＝問題＋意見

例題1 次の文章の**話題**は何でしょうか。適切な単語を抜き出してください。また、**問題**は何でしょうか。考えて書いてください。

課題文1

色は物の性質だろうか？　例えばここによく熟したトマトがあるとする。その赤さはこのトマトの性質だろうか。もちろんそうだと言いたくなる。私もそう言いたい。しかし、ある筋道で考えるとそうではないと言いたくなるのである。

実際、そのトマトの表面の物理的な特性に従って光が反射し、反射光が眼《め》に入り、視神経を興奮させ、電気信号が脳に伝達され、その結果、トマトの表面に赤い色が見える。そうだとすれば、トマトの表面はそれだけでは色をもたないと言うべきだろう。

そこで、「色は物の性質なのか、それとも物がわれわれに引き起こす感覚なのか」と問われるならば、「感覚である」と答えたくもなるのである。かくして、色は心の内に生じる感覚であり、物の性質ではない、客観的な世界そのものは無色だということになる。

（野矢茂樹「バラは暗闇でも赤いか？」一部改変）

話題　［　　　　］について

問題　［　　　　］

例題2 次の文章の**問題**は何でしょうか。また、それに対する筆者の**意見**は何でしょうか。それぞれ考えて書いてください。

課題文2

私は村の人々の使うある言葉のなかに面白い使い分けのあることに気付いた。それは「稼ぎ」と「仕事」の使い分けだった。

〝稼ぎに行ってくる〟村人がそう言うとき、それは賃労働に出かける、あるいはお金のために労働をすることを意味していた。日本の山村は農村よりはるか昔から商品経済の社会になっている。食料を十分に自給することができない山村の社会では、貨幣を求めて賃労働に従事することは、生活の一形態になっていた。しかし「稼ぎ」は村人にとってあくまでお金のためにする仕事であり、もししないですむのならその方がいいのである。

ところが村人に「仕事」と表現されているものはそうではない。その多くは直接自然と関係している。山の木を育てる仕事、山の作業道を修理する仕事、畑の作物を育てる仕事、自分の手で家や橋を修理する仕事、即《すなわ》ち山村に暮《くら》す以上おこなわなければ自然や村や暮しが壊れてしまうような諸々《もろもろ》の行為を、村人は「仕事」と表現していた。

（内山節《たかし》『自然と人間の哲学』）

問題　［　　　　］

意見　［　　　　］

例題1 解答

話題：色　**問題**：㊀色は物の（もつ）性質なのか。〈疑問の形〉／色は物の（もつ）性質か、心の中の感覚か。〈対立の形〉

例題2 解答

問題：㊀村の中で「稼ぎ」と「仕事」はどのように使い分けられているか。
意見：㊀「稼ぎ」はお金を得るための労働であるのに対し、「仕事」は自然や村や暮しを維持するための行為である。

例題1の考え方

▼一番よく出てくる単語は？

課題文1では、「色」という単語が5回出ています。筆者が一番気にしている単語だと考えられるので、これを話題としてよいでしょう。つまり、この課題文1の話題は「色」についてです。この話題が、課題文の内容についての最初の手がかりです。

話題は、課題文の内容理解についての最初の手がかり

▼問題＝疑問文の形に整理する

次に、課題文1をもとに、この「色」を含んだ疑問文を作ってみましょう。そうすると、第一文に「色は物の性質だろうか？」と書いてあります。もう、これで問題の形になっていますが、もっと簡単にして、問題は「色は物の性質なのか？」と整理できます。ただ、これだけだとボンヤリしています。前にも書きましたが、対立の形にすれば、もっとはっきりします。

そこで第九文を見ると、「色は物の性質なのか、それとも物がわれわれに引き起こす感覚なのか」とあるので、「物の性質」と「物がわれわれに引き起こす感覚」を対立させていることがわかります。第一〇文には「心の内に生じる感覚」とも言い換えられていますから、対立の形にして簡単にするなら、問題は「色とは物のもつ性質なのか、心の中の感覚なのか？」となるでしょう。

物のもつ性質ならば、色は人間の外側にあるし、心の中の感覚ならば、色は人間の内側にあるでしょう。だから、この問題は「色は人間の外にあるのか、内にあるのか？」とも言い換えられそうです。

例題2の考え方

▼問題は隠れている場合もある

一方、課題文2では、問題は疑問や対立の形でそのまま出てきてはいません。第一文の「面白い」という表現に注目しましょう。ふつう「面白い」と感じるときには、「あれ、何だろう？」と不思議に思う気持ちが先立ちます。「面白い」と感じた内容は「『稼ぎ』と『仕事』の使い分け」です。当然、どのように使い分けられているのだろうか、と不思議に思ったから、面白くなって調べてみたのでしょう。つまり、問題は「村の中で『稼ぎ』と『仕事』はどのように使い分けられているか？」でしょうね。

言葉を足して疑問や対立にしなければならないときもある

▼要約の表現は、なるべく簡潔にする

この「どのように使い分けられているか？」に答える部分が、筆者の意見、つまり問題に対する解決の部分です。「稼ぎ」の使い方については、第二段落で説明されています。第二段落の冒頭に「お金のために労働をすることを意味していた」とあります。その先は「山村」の事情をいろいろくわしく説明し、「お金のため」の労働が「しないですむのならその方がいい」と感じられていることを示しています。

それに対して、第三段落では、「仕事」は「直接自然と関係している」と大雑把に述べられたあと、「仕事」の具体的な例が続き、その先に「即ち」という言い換えの接続表現が置かれて「おこなわなければ自然や村や暮しが壊れてしまうような諸々の行為」と述べられています。「なければ……壊れてしまう」と複雑な表現がされていますので、「壊れる」の反対語を使って「自然・村・暮しを維持する行為」と簡単に言い換えましょう。

例題 3

問1 課題文1で述べられた**問題**「色は物の性質か、心の中の感覚か？」に対して、筆者は、どのような**意見**を述べていますか。また、そのような**意見**にした**理由**は何でしょうか。それぞれ考えて書いてください。

意見

理由

問2 筆者は、この**意見**から、さらに「面白い考え」や「興味深い考え」を導き出しています。それを「**展開**」ともいいますが、課題文1における**展開**は何でしょうか。課題文1を参考に書いてください。

展開

例題 4

課題文2で述べられた**問題**「村の中で『稼ぎ』と『仕事』はどのように使い分けられているか？」に対して、「『稼ぎ』はお金を得るための労働、『仕事』は自然や村や暮しを維持するための行為」というように使い分けられていると述べました。これは、筆者が山村に来て「面白い」と思った区別ですね。

しかし、もしそうだとすると、都会の人は、どのように「仕事」を捉えているのでしょうか。都会の人と山村の人の「仕事」の捉え方は、どのように違っているのでしょうか。

課題文2をふまえて、都会の人の「仕事」の捉え方を想像して書いてください。

例題3 解答

問1 意見：(例)色は物の性質ではなく、心の内に生じる感覚である。　理由：(例)（科学的な説明では）物の表面の物理的な特性に従って光が反射し、反射光が眼に入り、視神経を興奮させ、電気信号が脳に伝達され、その結果として、表面に色が見える、と考えられるから。　**問2** (例)客観的な世界そのものは無色だ。／世界の本当の姿は無色である。／客観的な世界には色など存在しない。／色は幻想である。

例題4 解答

(例)自分の仕事は、賃労働だと思っている。／賃金を得る活動だけが仕事だと思っている。／自然・村・暮しなどを維持する行為を仕事だと思っていない。／自分の生きる環境に対して、作業して維持する、という意識が乏しい。

例題3の考え方

問1 課題文1では、第一文で問題「色は物の性質か?」が示され、第一段落の最後で「そうではない」と意見を述べたあと、第二段落でその理由を説明しています。そして最後の第一〇文で「色は心の内に生じる感覚であり、物の性質ではない」と意見があらためて述べられています。

問2 第一〇文後半の「客観的な世界そのものは無色だ」が展開です。

さて、「要約」を作るには、問題とその解決となる意見をくっつければ、とりあえず完成します。たとえば、ここでは、問題「色は物の性質か?」と意見「色は物の性質ではなく、心の内に生じる感覚である」を組み合わせれば、課題文の内容を簡潔に言い表したことになります。

最小限の要約＝問題＋意見

ただ、この場合では、文言が重複しているので、問題を省略して「色は物の性質ではなく、心の内に生じる感覚である」だけでも十分でしょう。また、字数に余裕があれば、最後の展開も入れて、「色は物の性質ではなく、心の内に生じる感覚である。つまり、本当は、世界には色など存在しないのだ」などと書けば、今までの思い込みを揺さぶられる衝撃的な表現になるので、より面白い「要約」になるでしょう。

一方、基礎編第1講で述べたとおり、なぜ、このような意見に至ったのかを述べる理由や説明の部分を根拠といいます。問1の理由の解答例を見てみると、字数が77字にもなります。「色は物の性質ではなく、心の内に生じる感覚である。つまり、本当は、世界には色など存在しないのだ」と合わせると123字にもなります。ずいぶん長くなりますね。短くまとめたいときには、根拠は「要約」から省くことができます。

根拠は要約に書かなくてよい

例題4の考え方

▼問題を発展させる

もちろん、たんに課題文に書いてある問題と意見をとりまとめれば、「要約」としては十分ですが、小論文を書く場合には、そこからさらに問題を発展させなければならない場合もあります。

たとえば、課題文2では、山村の人における「『稼ぎ』と『仕事』の使い分け」について書いてあるだけです。だから、その違いが書かれていれば、「要約」としては十分な内容です。しかしながら、それだけでは「ふーん、山村の人は面白い使い分けをしているのだな」というだけで終わってしまいます。もし、この使い分けについて「自分なりの意見」を書くとしたら、もう少し自分に関わりのある内容として、捉えねばなりません。

▼対比してみる

もし、自分が山村とは遠く隔たった都会に住んでいるのなら、そこから「都会の人」の考え方を反省するきっかけにできるかもしれません。たとえば、都会の人々は「稼ぎ」と「仕事」を区別せず、「仕事」をお金を得る労働という意味で使っています。つまり、山村の人のように、自然・村・暮しなど自分の周囲を維持・管理する行為を大切な「仕事」とは考えないわけです。言わば、自分の生きる環境についての配慮が少ない。

こうやって考えていくと、「都会の人」がお金を稼ぐことに邁進《まいしん》するのは、環境を無視することにつながり、けっこう大きな問題になりそうです。こんな風に考えを発展させていくと、自分の意見を書きやすくなるでしょう。

例題5　次の文章を読んで、あとの問いに答えてください。

課題文3

大陸伝来の「仏」の表情にたいして、わが国土着の「神」の表情はどうだったのであろうか。この問題を考える場合にわれわれがまず留意しなければならないのは、それがインドにおける仏・菩薩《ぼさつ》の場合とは全く異なった性格のものであったということである。すなわち日本の神々には、もともと「表情」というものがなかったということである。といっても、それはまだ正確ないい方ではない。端的にいって日本の神々は、本来、目に見えない存在であった。仏教の仏・菩薩が目に見えるイコンの曼荼羅《マンダラ》世界を築きあげたのにたいして、わが国の神々の存在領域は「自然」の背後に秘匿され、外部のわれわれの目からは見透《みとお》すことのできない空間をつくりだしていた。とするならば目に見えないものに、そもそも顔貌や表情が宿るはずもないだろう。

わが国の神を祀《まつ》る社は、古くは山の麓および森や樹木のそばに建てられた。それは山や森や樹《き》に姿をかくして憑着《ひょうちゃく》する神に礼拝するための聖所であった。神々の本体は社殿の内部には存在せず、その背後にひろがる自然空間にひそやかに鎮座すると考えられたのである。なるほど神社の内部には、鏡や珠《たま》や剣が祀られている。しかしそれらが、寺院内部における仏・菩薩の本尊とはおのずから性格が異なることはいうまでもない。なぜなら鏡や珠や剣は、神々や神霊が一時的に憑依するためのご神体であるにすぎず、神そのものの具象的な表現ではないからである。仏・菩薩が本堂の内陣の中央で裸身を衆目にさらしているのにたいして、神々は社殿の背後に退き、その身体の輪郭を抹消している。要するに、寺院と社殿の設計プランまたは仏・菩薩と神々のあり方を比較対照してみると、そこには前者の開放性と後者の閉鎖性という対蹠《たいせき》的な関係が浮かびあがってくる。それが、顔貌の明確な仏・菩薩と当初から表情の喪《うしな》われている神々の対照性として示されているのである。

（山折哲雄『日本人の顔　図像から文化を読む』）

問1 **課題文3**の**問題**は何でしょうか。また、その**問題**に対する解決となる**意見**は何でしょうか。それぞれ20～30字で書いてください。

問題

意見

問2 **課題文3**の要約として、最も適当なものをア～オから選んでください。

ア　大陸伝来の「仏」に対して、わが国の神はもともと目に見えない存在であったから、表情もないのである。

イ　わが国の神の表情が乏しいのは、その性格が、インドにおける仏・菩薩とは大きく違ったからである。

ウ　大陸の仏は明確な表情をもっていたのに、わが国の仏は表情に乏しく面白くない。

エ　わが国の神を祀る社は、背後にひろがる自然空間に鎮座する神に礼拝するための聖所であった。

オ　わが国の神は、仏・菩薩が大陸から伝来する過程で、表情が喪われてしまった。

例題5　解答

問1 **問題**：(例)仏と比較して、日本の神の表情はどうであったのか。(24字)　**意見**：(例)仏の表情は明確なのに対して、日本の神は、そもそも表情がない。(30字)　**問2** ア

例題5の考え方

やり方は、今まで解説したとおりで、次の手順をたどります。

要約の手順

1 **話題となる言葉を文中から探す**
2 **話題となる言葉を含む問題の形に整理する**
3 **問題に対応する解決となる意見を探す**
4 **問題と意見をつなぎ合わせる**
5 **重複などがないように表現を整理する**

▼話題から問題、意見へ

問1 最初の段落でも次の段落でも「表情」という言葉が何度も使われていますから、これが話題です。ただ、ふつうの人間の「表情」ではなく、「わが国土着の『神』の表情」とあるので、宗教についての話だとわかります。

「大陸伝来の『仏』の表情にたいして……どうだったのであろうか」と疑問の形で書いてあるので、2話題となる言葉を含む問題の形に整理する、という手順は必要ありません。すぐに、3問題に対応する解決となる意見を探せばいいことになります。まず「全く異なった性格のものであった」と述べ、さらに、「もともと『表情』というものがなかった」とあるので、ここが意見に当たるでしょう。「というもの」は、この際、ほとんど意味がありませんので省略します。

▼それぞれの部分を読み分ける

以上の考察を手がかりに、問題・意見・理由などを整理してみましょう。

問題	（大陸伝来の）仏と比較して、日本の神の表情はどうであったのか？
意見	仏の表情は明確なのに対して、日本の神は、そもそも表情がない
理由	日本の神々は、本来、目に見えない存在であったから

これらをつなぎ合わせると、「要約」も書けます。よく「50字以内でまとめよ」という設問を見かけますが、50字以内にしたいのなら、途中の「対して」とか「そもそも」とかをカットすればよいでしょう。

要約……仏の表情が明確なのに対して、日本の神々は、そもそも表情がない。なぜなら、目に見えない存在であったからだ。（52字）

▼選択肢を吟味する

問2 これを利用して、**ア**から**オ**までの選択肢を検討していきましょう。まず、**エ**は「表情がない」ことについて書いていないので、それ以外から選べばよいでしょう。**ア**「表情もない」、**イ**「表情が乏しい」、**ウ**「表情に乏しく」、**オ**「表情が喪われてしまった」とあります。「乏しい」も「ない」と同様の表現と考えられるでしょう。

しかし、**ウ**には「面白くない」というよけいな評価が入っています。筆者は、事実がこうだ、と述べるだけで評価はしていません。また、**イ**は「違ったからである」、**オ**は「伝来する過程で」と、なぜ「表情に乏しい」かの理由が入っています。しかし、この理由は、筆者の述べる理由「日本の神々は、本来、目に見えない存在であったから」とは違っています。

そんなわけで、**ア**が正解だとわかります。

練習問題

次の文章を読んで、あとの問いに答えてください。

解答⬇別冊12ページ

他者とのコミュニケーションには、お互いを同質化する契機があることも事実である。とりわけ、ティーンエージャーのときには、「ピア・プレッシャー」と呼ばれる、人と異なる見かけや振る舞いを排除しようとする傾向が顕著となる。中学生の頃、ちょっと変わったことをやってからかわれたり、また、自分もからかう側に立った経験がある人も多いだろう。同化作用は、コミュニケーションの中に程度の差こそあれ必ずある。それは、大人になっても本質的に変わらないし、社会全体としても明確な傾向として存在し続ける。そのような同化のダイナミクスがエスカレートすればファシズムに通じることは、歴史が証言しているところである。

その一方で、コミュニケーションには、お互いの個性を際だたせる効果もある。同化作用のことを考えると逆説的にも思われるが、他者との濃密な関係性を持つことが、個性を際だたせるために必要なダイナミクスを提供するのである。そのことは、作曲家としてのモーツァルトの個性が、当時のウィーンを中心とする濃密な音楽サークルがなければ成り立たなかったことを考えても明らかであろう。歴史上、文化の領域においてユニークな個性の峰々が立つときには、その背後には必ずといっていいほど濃密な行き交いを内包するコミュニティがあった。

コミュニケーションの持つそのような働きを「個性化作用」と呼ぶことにするとすれば、「同化作用」と「個性化作用」の分水嶺《ぶんすいれい》はどこにあるのだろうか。

（茂木健一郎『思考の補助線』）

（注） 分水嶺……物事の方向性が決まる分かれ目。

問1 この文章の**話題**は何でしょうか。適切な単語を抜き出してください。また、**問題**は何でしょうか。考えて書いてください。

話題　　　　　について

問題

問2 この文章を50字程度で要約してください（句読点も字数に数えます）。

50

問3 さらに、最後の段落では、**意見**の示されない新たな**問題**が提示されています。どのような**問題**か、考えて書いてください。

基礎編 第6講

理由と説明の書き方

小論文を評価する際に一番重視するのは、理由と説明の書き方です。どんな問題について書くか、はもちろん重要ですが、どう解決するか、という意見は必ずしも大事ではありません。というのは、意見は、そもそも、いろいろ書けるからです。

たとえば「地球温暖化問題」にしても、今でも「地球温暖化など起こらない」と言う人がいますし、「むしろ寒冷化のほうが心配だ」という声もあります。こういう意見はしだいに弱くなっているとはいえ、完全に否定はできません。あるいは、原子力発電所問題では、国民の大部分は「もう止《や》めたほうがよいのではないか？」と感じているようですが、政府・企業はあくまで推進したいと言っています。実際、福島原発の事故のあと、全国の原子力発電所は次々に運転停止になりましたが、政府はもう一度動かすことを目指しており、いくつかの原発は再稼働してよい、という判断が示されました。しかし、周囲の住民の間には、まだまだ反対意見も多いようです。政府の立場に立てば、原発は再稼働すべきだし、周囲の住民の立場に立てば、止めたほうがよいとなる。どちらが正しいかわかりません。

このように、小論文で扱うような問題の大部分は、実は、まだ確定的な解決につながる意見が出ていないものが多いのです。だから、どう解決したらよいかという意見に対する評価の比重はあまり高くないのです。

▼理由・説明を重視する

それでも「原発の再稼働をしたほうがよいか？」について、小論文を書くなら、賛成か反対の、どちらかを必ず言わなければならないし、どちらを言ってもよいのです。大事なのは、なぜ、その立場を採ったのか？を述べることです。それは「なぜなら……からだ」の「理由」の形で表されます。たとえば、再稼働反対の理由は「危険だから」「経済的損害が大きいから」などと言えるでしょう。

▼理由だけではダメな理由

でも、理由を言うだけで、読んだ人が「なるほど！」と納得してくれることは少ないでしょう。きっと「どういう危険なの？」「どのくらい危ないの？」などと聞いてくるはずです。なぜなら、私たちは危険だという理由だけであるものを止めるわけではないからです。たとえば、交通事故では毎年３０００人以上が亡くなっており、自動車は大変危険な乗り物です。もしかしたら原発の事故で亡くなった人よりずっと多いかもしれないのに、「自動車を走らせるな！」と言う人はほとんどいません。よく考えてみれば、これは何だか変ですね。

だから「原発を再稼働させるな！」という立場を採るなら、どのくらい危険で、どう危険なのか、「危険だ」という理由をくわしく説明しなければなりません。それがちゃんと書かれていなければ、読んだ人は「なるほど！」と思ってくれないでしょう。

つまり、小論文の説得力とは、理由に対応して、くわしい説明がちゃんと書かれていることで出てくるのです。その説得力がどれくらいあるか、で小論文の評価は決まるのです。

例題1 **次の文章は「自己決定権」に対する論評です。これを読んで、あとの問いに答えてください。**

課題文1

自己決定権とは、「迷惑をかけない限り、何をしてもよい」という主張だという。だが、これは［　①　］。なぜなら「［　②　］」について明確な範囲が定められていないので、どんなものでも迷惑になりうるからだ。

たとえば、身体的な危害ではなくても、精神的な危害なども考えられる。それどころか、他人の美意識などを刺激して、ムッとさせるようなことも「迷惑」になりそうだ。その場合、どこまでが許容範囲なのかが問題となってくるだろう。実際、電車の中で化粧する若い女性に対して、眉をひそめる高齢者は少なくない。

つまり、「自己決定権」というだけでは、どこまでが「迷惑」でなく、どこからが「迷惑」になるのか、さっぱりわからないのだ。その境界を最初に示していないので、「これは迷惑だ」「いや、迷惑ではない」と、当事者の間で水掛け論になるだけで、実質的な行動基準にはならないのである。

問1 **空欄①・②に入る文はどれでしょうか。最も適当なものをそれぞれア～オから選んでください。**

①
- ア 日常生活で大変役立つ主張だ
- イ 具体的な行動基準にはなりにくい
- ウ 迷惑をかける人の言い訳にすぎない
- エ そういう主張をする人に限って「迷惑な人」だ
- オ 頭の固い高齢者の勝手な言い分だろう

②
- ア 自己とは何か？
- イ なぜ、決定するのか？
- ウ 精神的な危害は迷惑か？
- エ 電車の中での化粧は迷惑か？
- オ 迷惑とは何か？

①［　　］
②［　　］

問2 **課題文1で、筆者の扱っている問題は何でしょうか。また、それに対する意見を「正しい」とする理由は何でしょうか。空欄③～⑥に入る言葉を課題文1から抜き出してください。また、その理由は、どのようにくわしく言い換えられて、説明されているでしょうか。課題文1で説明されている部分の初めと終わりの10字を抜き出して、⑦に書いてください（句読点も字数に数えます）。**

問題 ［　③　］は、実質的な［　④　］になるか？

意見 ならない

理由 ［　⑤　］とは何か、について明確な［　⑥　］が定められていない

説明 ⑦［　　　　　　　　　　］～［　　　　　　　　　　］

例題1 解答

問1 ①イ　②オ　問2 ③自己決定権　④行動基準　⑤迷惑　⑥範囲／境界

⑦「自己決定権」という～の間で水掛け論になる〔で水掛け論になるだけ〕

例題1の考え方

▼理由は意見をサポートする

理由とは、英語で reason といいます。reason は「理屈づける」ことを意味します。理由は、多くは「なぜなら……からだ」という表現で表されます。ほかにもいろいろ書き方はあるのですが、最初のうちは小論文を書くとき、理由のところは、この形で書くことをお薦めします。それは、理由を書くことを忘れないためです。

意見のあとに必ず理由「なぜなら……からだ」を付ける

小論文では、何か言いたいことがある場合、言いっ放しでいるわけにはいきません。「なぜ、私の言うことが正しいかって？　それは私が言っているからですよ！　なんで信用しないんですか？」なんて言いぐさは通用しないのです。意見のあとには、必ず「なぜなら……からだ」を付けて、理由を示さなければならないのです。課題文1なら、第一段落の第三文が理由に当たります。

▼理由と説明の関係

問1 ①言いたいこと（意見）は、最後の段落でくり返される場合が多いので、最後を見てみると「実質的な行動基準にはならない」とあります。選択肢でこれに一番近い内容は、**イ**ですね。**ア**は「役立つ」という肯定的な評価が間違い。**ウ**は「迷惑をかける人」と断定しているのが感情的すぎ。**エ**「迷惑な人」も同様です。**オ**「頭の固い高齢者」は例の一部だけを取り上げています。

②さて、理由（第一段落第三文）にある「範囲が定められていない」も、説明に当たる第三段落冒頭の「どこまでが『迷惑』でなく、どこからが『迷惑』になるのか、さっぱりわからない」と対応していそうですね。これに近いのは、選択肢**オ**です。

このように、説明の部分では、理由で書かれた内容を、よりくわしくわかりやすく言い換えましょう。「範囲が定められていない」とあれば「どういう範囲なの？」という疑問が読者には湧くでしょう。それに答えているのが「どこまで……どこから……」です。

説明＝理由をくわしくわかりやすく言い換える

ア「自己とは……」だと「迷惑」という大事なキーワードがありません。**イ**も「決定」があるだけで「迷惑」が書かれていない。**ウ**は「迷惑」はあるけれど、「精神的な危害」と範囲が狭くなっている。範囲が狭すぎるのは**エ**「電車の中での化粧」も同じです。これらは、いずれも例示の一部に触れているだけです。もっと一般的に述べなければいけません。

▼構造を整理してみる

問2は、これまで考えてきたことを、問題・意見・理由・説明と区分けして書いてみるだけです。説明で大事なのは、迷惑の範囲がはっきりしていないという状況を明確にわかりやすく言い換えることです。ここでは、ある行為を「迷惑」と見なす人もいるし、「迷惑でない」と見なす人もいて、話し合っても結局決着がつかない「水掛け論」になる、とあります。こういう風になったら、どうしようもないな、と思うでしょう。だから「自己決定権」という考えだけでは何の役にも立たないんだ、というのが筆者の言いたいことなのです。

例題2

課題文1に対して、次のような批判がありました。これを読んで、あとの問いに答えてください。

課題文2

そうかな？　「自己決定権」に限らず、世の中で言われる基準なんて、だいたい範囲がはっきりしないものじゃないかな？

たとえば、「高校生にふさわしい身なりを心掛けてください」なんて、よく校長先生が訓示するけど、「高校生にふさわしい」ってどういう意味だろう？　どこまでが「ふさわしい身なり」で、どこからが「ふさわしくない身なり」なのだろうか？　髪を染めるのは「ふさわしい」のか、「ふさわしくない」のか？　人工的に髪を染めるのは「ふさわしくない」のかな？　でも、生まれつき茶色い髪の人は、黒く染めなさいって言われるらしいよ。かえって不自然だと思うけど。

それでも、校則で「スカートの丈は膝下何センチ」なんて決められると、それなりに規則として守られる。つまり「高校生にふさわしい」という大きな方針があると、セクシーな超ミニはダメそうだなって皆思う。「何センチ」と決めるのはそのための方便で「何センチ」が大事なんじゃない。「自己決定権」も同じで、自分のことは基本的に自分で決められるべきだという大きな方針で、いちいち「ここが不明確だ」「あそこがあいまい」ってケチをつけると、かえって根本もあいまいになって瑣末《さまつ》なこだわりに陥ってしまうと思う。

問1　この批判が言いたいこと（意見）は何でしょうか。最も適当なものをア～オから選んでください。

ア　世の中で言われる基準は範囲がはっきりしない
イ　「自己決定権」も、それなりに行動の基準になるはずだ
ウ　「自己決定権」は高校の校則と同じだ
エ　基準がはっきりしないものにも文句は言わない
オ　高校生にふさわしい身なりなんて存在しない

問2　そのように主張する理由は何でしょうか。最も適当なものをア～オから選んでください。

ア　範囲が明確でなくても基準とされる例は多いから
イ　「自己決定権」だけ範囲を示す必要はないから
ウ　生まれつきの茶色い髪を黒く染めさせるのも校則だから
エ　みなおとなしくて不明確な基準にも文句は言わないから
オ　高校生にふさわしい身なりなんて存在しないから

問3　課題文2で「高校生にふさわしい身なり」の例を引いているのは、なぜでしょうか。理由を考えて書いてください。

問4　「高校生にふさわしい身なり」の例によって説明されている内容を50字以内でまとめて書いてください（句読点も字数に数えます）。

例題2 解答

問1 イ　問2 ア　問3 (例)理由をわかりやすく（直観的に）理解させるため。

問4 (例)どこまでが「ふさわしく」てどこから「ふさわしくない」か、範囲が不明確なのに基準として認められている。（50字）

例題2の考え方

▼口調・文体に惑わされない

全体が、反問するような口調になっているので、ちょっと戸惑うかもしれませんが、考え方は今までとどこも変わりません。**理由は、必ず「言いたいこと」＝意見とワンセットになっています。**

問1 課題文1は「自己決定権」に対する批判、つまり否定的な意見だったので、課題文2は、さらにその批判に対する批判・否定ですから、むしろ「自己決定権」を肯定的に評価する内容になっているはずです。

まず、選択肢の中で「自己決定権」というキーワードが入っているのは**イ**と**ウ**の二つだけです。そのうちで**ウ**「高校の校則と同じ」というだけでは、肯定しているのか否定しているのか、よくわかりません。だから、「自己決定権も……基準になる」という**イ**が正解です。

▼例示が説明の役割をしている

問2 では、なぜ「『自己決定権』も、それなりに行動の基準になる」と言えるのか、その理由は何でしょう？　一般的な「行動の基準」の条件を満たしているからですね。

問3 その例として、学校の校則を出しています。独立した説明ではないのですが、具体的な例を出すことで**理由をわかりやすくしている**のです。

問4 「高校生にふさわしい身なり」と言うけれど、「ふさわしい」という言葉はあいまいで、範囲が明確ではない。たとえば、髪の毛を染めるのは「高校生にふさわしい」のか？　ある校則では「茶髪禁止」となっているけれど、もともと茶色い髪の人ならどうなるか？　「黒く染めろ」という校則もあるようだけれど、人工的に外見を変えるわけだから、一貫性がなくておかしい。

こんな矛盾や不整合がありつつも、「校則」は生徒が守るべき行動基準として決められています。もし「自己決定権」の範囲があいまいだからダメだ、というのなら、こういうあいまいな校則もダメだ、というのでないと筋が通りません。校則はOKで、「自己決定権」はダメだ、というのなら「ご都合主義」と言われても文句は言えません。もし、校則がOKなら、「自己決定権」もOKだし、「自己決定権」がダメなら、校則もダメです。さて、課題文1の筆者はどう言うでしょうか？　なかなか効果的な反論ですね。

▼「自己決定権」を肯定するとどうなる？

さて、この文章から、さらに考えてみましょう。

「自己決定権」を肯定するとどうなるでしょうか？　言葉の範囲があいまいでも、社会では適当に決められるのなら、「自己決定権」を身体的な危害だけに限って、精神的な危害を含めないというあり方もあるでしょう。とすれば、電車の中での化粧は、下品であろうが何であろうが、当然OKということになりますね。

あるいは、電車の中で電話するのはどうでしょう？　これも身体的な危害に限ればOKそうです。一時は、携帯電話の電波が、心臓のペースメーカーなどに悪影響を与える、などと言われましたが、現在の携帯電話は、その心配はなくなった、と言われています。とすれば、電車内で電話していても、危害にならないので文句は言えない、となりそうです。

逆に、精神的な危害を無制限に認めると、みな「迷惑だ」と文句を付けた人に従わなければいけなくなって、それもかえって問題になりそうですね。あいまいに見える規則であっても、それぞれの具体的状況から「迷惑」の程度がだいたい決められるのなら課題文1のように「基準にならない」と一刀両断にするほどのことではないようです。

例題 3 次の文章は、ドーピングについて対立する意見をもつ二人の会話です。それぞれの**意見**の**理由**と**説明**を考えて、□①～⑤に入る最も適当な文をそれぞれア～エから選んでください。

（東京大・法科大学院・改）

課題文 3

A：この頃、オリンピックでドーピングによるメダル剝奪が目に付くね。ドーピングすると罰せられるのになかなかなくならない。そんなにまでしてメダルが欲しいのかな？

B：でも、前から不思議に思っていたんだけど、そもそもドーピングの規制なんてなぜ必要なのかな？

A：もちろん、それは健康を害するからだよ。ドーピングをしたと疑われたメダリストが急死したことがあったよね。

B：でも、そんなことは規制の理由にならないよ。だって、

①

ア　本人が死んだら、家族や友人など周囲の人が悲しむ。
イ　本人が死んでも、別に他人には迷惑がかからない。
ウ　本人はドーピングしても死ぬことなんて考えていない。
エ　メダルをとれば、きっと金持ちになれる。

それに、

②

ア　危険だからといって、何でもダメにしたら何もできなくなる。
イ　そもそも危険を楽しむのがスポーツの本質だろう。
ウ　危険を承知で、それでも、本人が望んで選択している。
エ　危険すぎることをわざわざやるのはバカげている。

たとえ、

③

ア　危ないことでもやろうという気持ちが闘争心を生む。
イ　ちょっと危なく思えても、あえてやることが勇気だと思う。
ウ　ドーピングをしても相手に勝とうとする気持ちに変わりない。
エ　他人からバカみたいに見えても、その人の自由なのだから、干渉しちゃいけない。

A：そう単純ではないだろう。だって、

④

ア　選手が自分の意思でドーピングを選んでいるとは限らない
イ　どんな選手だって、試合に勝つためには必死になる
ウ　勝つことよりも、大切なのがフェアプレーの精神だ
エ　選手にとって、勝つことこそが人生最大の目的になる

からだ。選手は、子どものときからコーチに付いて毎日練習する。その信頼するコーチから、

⑤

ア　「ドーピングだけはしてはいけない」と警告される。
イ　「ドーピングをしても試合に勝てない」と脅される。
ウ　「練習するだけではダメだ」と言われたら、心が折れる。
エ　「強くなるから薬を飲め」と言われたら断れないよ。

それを自己の自由というのは、あまりにもスポーツ界の状況を無視していると思う。外から規制しないと、ドーピングはなくならないよ。

①
②
③
④
⑤

例題 3 解答
①イ　②ウ　③エ　④ア　⑤エ

例題 3 の考え方

▼常識に反する理屈も考えてみる

理由を出す・説明するなどは、常識に従ってやればよいのではありません。ときには、常識に反した意見について、理由や説明を考えなければならない場合があります。小論文は、世間の常識に合っていれば、高い評価が得られるとは限りません。むしろ、常識に逆らっても、きちんとした理屈、つまり理由と説明を出して書けるのなら、そちらのほうが「独創性がある」「思考力がある」として評価が高くなるのです。

この問題の前半では、「ドーピングを規制すべきだ」というスポーツ界の常識にあえて逆らって、「ドーピングは規制しなくていい」と主張しなくてはなりません。さて、どのように理屈づけしたらよいでしょうか？

▼「自己決定権」の理屈を使ってみる

ためしに、この講の前半で説明した「自己決定権」の理屈を使ってみましょうか？　「自己決定権」とは、「他人に危害が及ばない限り、自分のしたいことをしてよい」という原理でした。これをドーピングに適用してみましょう。ドーピングをすると、最悪死ぬかもしれません。でも、死んでもいいからメダルをとりたい、と本人が考えたらどうでしょうか？

自分は貧乏で、その日の暮らしにも困っている。でも、自分はスポーツが得意だ。メダリストになれば、国から、ふつうではとても得られないほど多額の報奨金をもらえる。貧乏で生きるより、死ぬかもしれないけれど、スポーツにかけたい、と思ったら？　そういう風に決心している人に対して「そんなことやめとけよ」とは、なかなか言いづらいのではないでしょうか？

▼理屈の組み立てを考える

それにドーピングをしたら、死ぬかもしれないのは自分だけで、ほかの人に危害が及ぶわけではありません。だとしたら、「死んでもいいから勝ちたい」と思ってドーピングをしても、それは、その人の自由だし、その人の価値観のはずです。他人がとやかく言うべきではない、というのは、一つの考えでしょう。

ドーピングをしても、他人に危害が及ばない＝他人に危害なし

＋

ドーピングで死んでもいいからメダルをとりたい＝自由な意思

⬅

個人の選択・自由＝自己決定

⬅

他人が介入できない

⬅

規制をすべきではない＝結論

その人の決定に対して、他人がとやかく言うべきではないなら、もちろん、スポーツ団体が規則を作って、ドーピングを禁止したり、規制したりするべきではない、ということになりそうです。だから、①は「他者危害」のことなので**イ**、②は「自由な意思による選択」のことなので**ウ**、③は「自己決定」を尊重すべきという話なので**エ**が正解になります。その他の選択肢は、この流れに沿っていないので、論外ですね。

▼理屈の穴を見つけて反論する

さて後半は、この反常識的な理屈に対して、反論する理屈を考えるところです。先の主張は「自己決定権」に従っているので、これを否定する理屈は次の二つになりそうです。

① 「自己決定権」という考え自体を否定する
② 「自己決定権」には同意するが、この場合は自己決定に当たらないとする

どちらの方針を採ってもよいのですが、①だと、議論が長くなりそうです。それに、これまでのこの節の内容も「自己決定権」は使えそうだ、という流れになっていました。そこで②の方針を採ることにしましょう。つまり、「ドーピングで死んでもいいからメダルをとりたい」という選手の考えが、実は「自己決定」になっていないと言えばよいのです。

▼理屈の流れを整理する

よく考えれば、すべての人が自己決定できるとは限りません。たとえば、子どもは自己決定できるでしょうか？ たぶんできませんね。なぜなら、子どもはまだ考えが浅くて、自分にとって何が大切か、をきちんと考える能力がないからです。だから、子どもについては、親など大人がかわりに考えてやる必要が出てきます。

スポーツ選手は、ある意味ではこのような「子ども」に近いと考えられないでしょうか？ 小さい頃からスポーツに打ち込み、ほかのことを考えないで、ひたすら練習する。そういう人がスポーツでの勝利を「最高の価値だ」と考えるのは当然でしょう。もし小さい頃から信頼していたコーチから「この薬を飲め」と薦められたら、断れないのではないでしょうか？ でも、それは、あらゆる可能性をちゃんと考えた結果とは言えません。自分でよく考えた結果ではなく、信頼するコーチの決定に従っただけなのです。これでは「自己決定」にはならないでしょう。

ほかのことを考えないで、ひたすらスポーツに打ち込む
⬅ 信頼する人から薦められたら断れない
⬅ 自分の意思で選んでいない
⬅ 自己決定権は成り立たない

理屈の流れは、このようになるでしょう。④は「自己決定権」の理屈が、この話には適用できないことを示す**ア**が正解です。⑤は「信頼するコーチから薦められたら断れない」ことを示す**エ**を選んで、このドーピングの話に対して、自己決定権の議論を適用することが間違いだと述べます。これは、たんなる常識的議論ではなく、スポーツ界の内情を深く考察した議論になっていると考えられます。

理由と説明の一般的な書き方

1 **理由は「なぜなら……からだ」で表す**
2 **説明で、理由をくわしく、わかりやすく言い換える**
3 **説明では、理由を言い換えて結論につなげる**

練習問題

解答⬇別冊14ページ

■ 例題3で取り上げたドーピングについての議論は、まだまだ続いています。Bは、Aの「ドーピングはアンフェアだから、規制しなければならない」という**意見**に反論しています。これを読んで、あとの問いに答えてください。

A：それに健康の点は別にしても、薬でいい成績をあげたやつを勝たせるのはどう考えてもアンフェアだろう。

B：でも、もしアンフェアだというなら、ドーピングだけじゃないよ。スポーツなんてアンフェアなことだらけだ。たとえば、スポーツ施設だってアンフェアだよ。

［　①　］

どんなに、個人に才能や身体能力があっても、それを育てる場所がないのだ。だから、結局、［　②　］

実際、アメリカはプールが多くの施設にあるから、水泳競技は圧倒的に強いけど、アフリカではプール自体が珍しい。だから、水泳競技は弱い。施設がいらない陸上では、アフリカ勢は圧倒的に強いのにね。つまり、金次第で、勝敗は左右されるのだ。

問1 空欄①・②は、直前のBの**反論**「スポーツ施設だってアンフェアだ」のくわしい**説明**になっています。どういう文が入ったら、**理屈**がつながるか、前後のつながりを考えながら書いてください。

①

②

問2 このBの反論に対して、みなさんはどのように感じるでしょうか。もし「一理ある」と感じたら、Bの**理屈**、つまり**理由**と**説明**は成功しているわけです。さらにBは、次のように続けます。あとの「なぜなら」以降の空欄③に、Bが言いそうな**理屈**を書いてください。

B：それどころか、お金による不公平を少なくする、という意味なら、スポーツ施設より、ドーピングのほうがずっとましだよ。なぜなら、［　③　］

少しのお金で、発展途上国の人間にチャンスが出てくるなら、むしろいいことじゃないか。

その意味で、ドーピング規制は、たんに先進国を有利にするだけの措置だとしか思えないね。ほかにも不公平がいっぱいあるのに、それらを放置して、なぜ薬だけをとくに排斥しようとするのか、ホントにおかしいと思う。

③

問3 このようなBの反論に対して、Aも、さらに反対の意見を述べます。次の［　］④・⑤の中に、どのような内容が入るでしょうか。最も適当なものをそれぞれア～エから選んでください。

A：君があげた、どの理由も説得力があるとは思えないね。まず「どんなに、個人に才能や身体能力があっても」と言うが、

④
ア 陸上の能力と水泳の能力は同じではないからだ。
イ 個人の才能と集団の能力は別だからだ。
ウ 陸上の能力は地域によって違うからだ。
エ 個人の才能と能力は人によってさまざまだからだ。

アフリカ人は走る能力がすぐれ、アメリカ人は泳ぐ能力が高いだけかもしれない。

第二に、⑤

ア 金や設備があるから勝てるとは限らないからだ。
イ 薬の効果は施設を作るより安くすむからだ。
ウ 薬を使う効果は間接的だからだ。
エ 金があれば、施設も薬も使えるからだ。

たとえば、ジャマイカは発展途上国で金も施設も足りないのに、世界で一番速い短距離走者が生まれる。つまり、施設や資金の差は、勝つためには間接的な要素にすぎないのだ。それに対して、ドーピングは薬を投与して、身体能力を直接向上させる。効果が直接的なので、施設や資金と同じように考えることはできないはずだ。

④	⑤

問4 これに続けて、Aは、次のようにドーピングを批判します。空欄⑥に入る言葉を考えて書いてください。

A：もし、薬で身体を改造して強くなっても、その原因は努力や才能ではなく、薬の働きだ。とすれば、スポーツ競技は身体の動きや能力の競争というより、［ ⑥ ］

もし、スポーツを、身体能力を努力によって最大限発揮する活動だと定義するなら、ドーピングはこの定義に反しており、スポーツの意味を変えてしまうだろう。だから、ドーピングが規制されるのは当然なのだ。

⑥

問5 問1・問2でBの言う理屈をフローチャートで表してみました。空欄⑦〜⑨に入る文は何か、考えて書いてください。

スポーツの中でアンフェアな要素はほかにもたくさんある
→ ［ ⑦ ］
→ ［ ⑧ ］
→ ドーピングだけ排斥するのはおかしい
→ ［ ⑨ ］

⑦	⑧	⑨

基礎編 第7講 具体例の示し方

具体例を書くことの大切さはわかっていると思います。人間は理屈だけではなかなか納得感が得られません。だから、実際にあった出来事を出して「現実にあるんだ!!」と感じてもらう。それが具体例、つまり例示です。

ただ、この例示と「たとえ話」を混同している人がときどきいます。「たとえ話」は、架空の話でわかりやすくすることです。たとえば、「人間は働くべきである」と言うために、「アリとキリギリス」の話を述べる。キリギリスは夏に歌って遊んでばかりいたので、冬になって困った、という話ですね。

でも、この話はもちろん現実にはあり得ません。アリもキリギリスも言葉がないので、異種間で話はしませんし、キリギリスだって遊んで歌っているのではなくて、自分の縄張りを守ろうと必死に鳴いているはずです。ただ、わかりやすいイメージなので擬人化して適当な作り話に使っているだけです。

▼例示は必ず現実を使う

しかし、例示は、作り話ではダメで、実際に起こったことでなければいけません。わかりやすい嘘《うそ》をつくことではないのです。だから、例を出そうとすれば、ある程度世の中で起こっていることを知る必要があります。知らなければ書けない。だから、小論文には情報力も必要です。TVや新聞、インターネットなど、さまざまなメディアを見て「今、世の中で何が起こっているか?」「それには、どういう歴史的経緯があるか?」をインプットしておかなければなりません。

実際に起こったことには、数字も書いてあることが多い。この数字を「データ」といいます。もし、そういう数字で表されるデータをあげられれば、さらに信用度が増します。この「信用度を増す」ことが例示のもつ意味なのです。

例示は、論文の主張の信用度を増すために使う

▼例示の表し方

例示を書くときには、決まった書き方があります。例示の始まりのところには、必ず「たとえば」や「実際」という接続表現を付けます。逆に言うと、こういう接続表現があれば、読んでいても「ここからは、例示なのだな」とすぐわかります。だから、小論文を書くときにも、例示だとわかるように、「たとえば」や「実際」を付けてください。

では「たとえば」と「実際」の使い分けはどうするのでしょうか? 神経質にならなくてもよいですが、「たとえば」のほうがやや物語的、「実際」のほうがデータ的と言えます。「実際」を使うほうが、現実との対応が強く求められると言ってもよいですね。だから、「たとえば……」で始めて、大雑把に起こったことを述べ、その後に「実際……」でより細かな説明をすることもできます。逆に「実際……」から始めて「たとえば……」につなぐということはあまりありません。

例示の始まりには「たとえば」「実際」を付ける

例題1 次の文章は、ある法案についての記者会見のときの、A（広報担当者）とB（記者）の間の質疑応答です。これを読んで、あとの問いに答えてください。

課題文1

A：この制度は、働き方を変え、日本経済を強くするためのものです。今までのように、午前9時から午後5時まで会社に縛り付けられる、という働き方は時代遅れです。自分が割り当てられた仕事をきちんとこなせば、出勤時間も自由に決められる、というように、成果によって評価されるようになっていかなければなりません。そうしてこそ、仕事と生活のよりよいバランスも実現できるのです。実際、働く人々の側からも「このような制度が必要だ」という多くの要望がありましたので、この制度の実施の機運は熟していると言えます。それについては、私たちは、すでに一般の労働者の方々にも広くヒアリングを実施し、この制度を支持するという声を多く聞いています。

B：ヒアリングを実施したとおっしゃいましたが、何人の方に実施したのですか？

A：この報告によれば全体で12人です。私たちとしては、十分な数だと思っています。

B：どんな職種の方に聞いたのですか？

A：手元の資料によれば、主に外資系コンサルティング企業や、IT企業に勤務する人々です。社長同席のもとで、公正にヒアリングが行われました。

問1 Aの言っている内容が信頼できるかどうか、Aがあげている**例**をふまえ、ア・イから選んでください。

ア　信頼できる
イ　信頼できない

問2 **問1**で、もし信頼できるとしたら、なぜ信頼できるのか、あるいは、もし信頼できないとしたら、なぜ信頼できないのでしょうか。その理由として適当なものをア～キからすべて選んでください。

ア　ヒアリングを実施して、直接、働く人々に対して、具体的な要望を聞いているから。
イ　社長同席のうえで聞くと、社長の目を気にして、正直な回答ができないから。
ウ　外資系コンサルティング企業やIT企業に勤務する人々だけでは、「一般の労働者」とは言えないから。
エ　この制度の趣旨が、働き方を変え、日本経済を強くすることを目的としているから。
オ　仕事と生活のよりよいバランスを実現できる制度であるのは間違いないから。
カ　最先端の職業の人々に聞いたので、現在の社会をよく表しているから。
キ　ヒアリングを実施したというが、人数が、「広く」と言うわりには、あまりにも少なすぎるから。

例題1 解答
問1 イ　**問2** イ・ウ・キ

例題1の考え方

▼具体的な情報を出す

この記者会見は、きっと政府による労働制度改革のための法案についてのものでしょう。改革がどういう具体的内容なのかは、ここには書いてありません。でも、制度改革の目的が述べられ、それを働く人々＝労働者も支持している、とAは主張しています。

まず、目的は次の三つだと言われています。

① 成果によって評価される
② 出勤時間が自由に決められる
③ 仕事と生活のバランスがとれる

この法案は、本当にこれらを実現できるのでしょうか？　残念ながら、この会話では、法案の中身に触れていないので、そこはわかりません。しかし、Aは、そのかわりに「働く人々の側から多くの要望があった」と述べています。働く人々が自ら望んでいれば、この法案の中身がどうであろうと、実現させるのがよいでしょうね。

そこで、「働く人々が自ら望んでいる」と、どうしてわかるのでしょうか？　Aはヒアリングを実施した、と述べています。ヒアリングとは、一般の人々に意見を聞いてみることです。たしかに、こうすれば、働く人々一般が、何を望んでいるかわかります。具体的な例示になるので、よい方法ですね。

▼具体例・データは信頼できるか？

問2 しかし、このヒアリングのやり方を検討してみると、いろいろ問題があることがわかります。まず正直な意見を聞かなければなりませんが、自分より目上の者がいるときには、なかなか思うことを述べられないものです。あとで、評価や昇級に響くことを心配するからです。それなのに、このヒアリングは「社長同席」で行われたようです。これだと、社長が喜ぶような返答をしてしまう可能性が大きそうです。

また、「一般の人々」の意見を聞くのですから、質問される人に偏りがあってはいけません。でも「外資系コンサルティング企業」や「IT企業」で働く人は労働者全体における割合としては少なく、「一般の労働者」と言うには偏りがありすぎます。販売業や製造業で働く人々のほうが、圧倒的に多いのですが、そういう人の意見は入っていないのです。

しかし、最大の問題は、ヒアリングした人の人数があまりにも少なすぎることでしょう。聞いた人の数は「12人」だそうです。働く人は何百万人、何千万人もいるのに、たった12人にしか聞いていない。しかも、聞いた人の職業が偏っている。これでは、データとしての価値はゼロでしょう。とても「働く人々が自ら望んでいる」という意見をサポートしているとは言えません。

問1 当然、この意見の信頼性もほとんどありません。ちょっと意地悪な言い方をすれば、前半の「出勤時間が自由に決められる」とか「仕事と生活のバランスがとれる」は、それをごまかすために言った言葉と疑われても仕方がないでしょう。こんな風に例示をちゃんと検討するだけで、意見の信頼性がわかる場合があるのです。例示の大切さが理解できると思います。

例題2 **次の文章は、北海道旭川《あさひかわ》市の旭山動物園の園長が書いた手記の一部です。これを読んで、あとの問いに答えてください。**

課題文2

「旭山動物園には、上野動物園のように、パンダなどの珍獣がいるわけでもないのに、どうしてこれだけの人気が集まったのでしょう」

よくそんな質問を受ける。

ペンギン、アザラシ、ホッキョクグマ、オランウータン、ニホンザル、ゾウ……、旭山動物園にいる動物は、どこの動物園にもいる種類だから、そういう質問がでるのも当然といえば当然だろう。

質問に対する答えを一言でいえば、「見せ方を工夫したから」である。見せ方と言っても、動物に「曲芸」をさせるわけではない。「曲芸」をさせて、「お上手、お上手」と喜んだとしても、人はその動物を尊敬するわけではない。私たちが何よりも優先して考えたのは、その動物にとってもっとも特徴的な能力を発揮できる環境を整えることである。

（小菅《こすげ》正夫『〈旭山動物園〉革命』）

問1 **この中で述べられている「その動物にとってもっとも特徴的な能力を発揮できる環境を整える」とは、具体的にどういうことをすることなのでしょうか。当てはまる例をア～キからすべて選んでください。**

ア ペンギンを歩かせると、脚が短いので、どうしてもよちよち歩きになる。その滑稽な様子を見せて、観客を楽しませる。

イ ナマケモノは、ほとんど動かないので、体に緑色のコケが生える。その様子を長期間観察し、コケの生育状況を調べる。

ウ ペンギンは水中に入ると、驚くほどのスピードで空を飛んでいるように泳ぐことができる。その様子が見えるように透明なプールにする。

エ アザラシは訓練すると器用にボールを扱う。そこで、飼育員との間でキャッチボールをさせる。

オ ホッキョクグマは、身体が大きいし毛並みも美しい。とくに、水に飛び込むときに迫力がある。水上と水中が見えるようなプールにして、ダイヴの瞬間を目の前で見せる。

カ ヘビがカエルを捕まえると顎を大きく開けて呑《の》み込む。ヘビのケージとカエルのケージをつないで、その迫真の様子を見せる。

キ オランウータンの赤ちゃんは人間の子どもに似ていて、かわいらしい。そこで、来園した子どもたちに、オランウータンの赤ちゃんを触ったり抱いてもらったりする。

問2 **問1 ア～キの中で「その動物にとってもっとも特徴的な能力を発揮できる環境を整える」というポリシーには適合していても、動物園で実際に行うには適していないと懸念されるものがあります。⑴それはどれでしょうか。ア～キからすべて選んでください。⑵また、それらはなぜ「適していない」のでしょうか。それぞれ、その理由を書いてください。**

⑴

⑵

例題2 解答

問1 イ・ウ・オ・カ　問2 ⑴イ・カ　⑵例 観察するのに時間がかかりすぎて、実行できないから。・捕食シーンはグロテスクで、嫌悪感を呼び起こすから。

例題 2 の考え方

▼論と例は一対一に対応させる

例を出すときには、絶対に守らなければならないことがあります。それは「論と例の一致」です。例は実際に起こったことを書くのですが、起こったことをそのまま書くわけではありません。もちろん、起こってもいないことを書くのは論外ですが、実際に起こったことでも、その一部を強調＝フォーカスして書くのです。

どこにフォーカスするのか？　理由・説明などの理屈（これを「論」といいます）の内容に合っている部分を取り出すのです。この問題でしたら、旭山動物園のポリシーは「その動物にとってもっとも特徴的な能力を発揮できる環境を整える」ということですから、例を出すときにも、この内容にぴったり合う例を出さなくてはいけません。もし、そういう内容を出せなければ、せっかくの例を出しても、意味がなくなってしまいますので、注意しましょう。

例示は、必ず、理由・説明の内容と対応していなければならない

問1 それでは、「論と例の一致」ができているかどうか、一つひとつ選択肢を検討していきましょう。

ア　ペンギンは飛べない鳥なので、地上ではぎこちない動きになってしまいます。それを「面白い」と笑うのは、人の欠点をバカにするようなものです。よちよち歩きはペンギンの「もっとも特徴的な能力」ではありませんから、これは例に使えません。「もっとも特徴的な能力」は、もちろん水中での泳ぎでしょう。

イ　ナマケモノが体に緑色のコケが生えるほど動かないのは、動かないでいられる能力と考えることができます。ほかの動物にはできないことです。これは例示として使ってもよさそうです。

ウ　これはもちろん例示にできます。ふつうの鳥と違って、ペンギンは水中で敏捷《びんしょう》に泳ぎます。その姿は「空を飛ぶよう」なのですが、水中のことなので、あまり見られません。見られたら、とても興味深いでしょう。**ア**の解説でも述べたように、これが「もっとも特徴的な能力」なので、その姿を見せるのは旭山動物園のポリシーにかなっています。

エ　これは園長が言う「曲芸」の例でしょう。なぜなら、アザラシがいる海には、ボールはないからです。自然界にないものを使って、人間が訓練して遊ばせるのですから、動物の自然な姿ではなく「もっとも特徴的な能力」とは言えないでしょう。

オ　ホッキョクグマは生育環境の北極圏で、狩りをして暮らしています。当然、海の中に飛び込むことも多いでしょう。あの大きさの動物が飛び込んだら、水しぶきもスゴイでしょうし、白い毛並みが水中で動いてキレイでしょうね。「もっとも特徴的な能力」と認定してよいのではないでしょうか？

カ　ヘビがカエルを呑み込む姿には嫌悪感を催すかもしれないけれど、「論と例の一致」はちゃんととれています。大きな獲物を呑《の》み込むとき、ヘビは顎の骨を一時的に外すとか。私も、田んぼでヘビに呑み込まれつつ鳴いているカエルを小一時間見ていたことがあります。自然の残酷さを強く感じました。

キ　オランウータンの赤ちゃんがかわいい、というのは動物としての「もっとも特徴的な能力」ではありません。しかも、触ったり抱いたりするだけでは、とくに環境を作るわけではありません。

▼例示は起承転結で書く

例示に用いるのは具体的に起こった出来事なので、起承転結などの時間の経過を表したり、キャラクターの描写＋行動＋結果などでアクションを強調したり、という書き方になります。

たとえば、選択肢**オ**のホッキョクグマでは「身体が大きいし毛並みも美しい」と、そのキャラクターを描き、「水に飛び込む」という行動に言及しています。その結果について「迫力がある」と感想を述べ、最後に「水上と水中が見えるようなプールにして、ダイヴの瞬間を目の前で見せる」と、どういう環境を作るか、を述べます。この構造は、ほかの選択肢でも、ほぼ同様になっています。

▼現実との対応を検証する

問2 **イ・ウ・オ・カ**は、たしかに「論と例の一致」は満たしているのですが、旭山動物園では実際には行えなかったものもあります。まず**イ**は時間がかかりすぎるので、動物園の展示としては現実的ではないでしょう。また、**カ**は、実際にテストケースとして試みられたそうですが、展示実現までには至らなかったようです。かなり残酷でグロテスクなシーンになるので、却下されたとか。このように「もっとも特徴的な能力を発揮できる環境を整える」といっても、動物園は娯楽施設という面もあるので、あくまでも来園者の好みそうな能力しか展示できないという制限があるのかもしれません。

▼例示を書くには、日頃の興味のもち方が大事

例示は、どんな分野の小論文を書くにも重要です。わかりやすくて巧みな例が出せれば、それだけで小論文の評価はアップします。でも、そのためには、日頃からさまざまなメディアでニュースに親しんでいる必要があります。逆に言えば、社会に関心をもたない人は、例をうまく書けない、ということにもなりかねません。

現代は「情報社会」とも言われます。ある知識・情報にアクセスするだけで、正しいか間違いかがわかるものも少なくありません。たとえば、一部の高齢者は「最近の若者は、家庭でのしつけがなっていない。だから、凶悪犯罪が多くなるのだ」などと、よく言いますが、これは間違いです。

なぜなら、データによれば、少年犯罪の検挙数はここ数十年下がり続けているからです。検挙数が下がっているのに「凶悪犯罪が多くなる」とは言えないでしょう。「家庭でのしつけ」の主張もおかしい。実際、教育学者の間では、戦前の昔より最近のほうが、家庭教育への関心も高まり、その内容も充実している、と言われています。だから、日頃から社会に関心をもって調べていれば、そもそもこんな主張はできないはずです。思い込みだけで例示を書いてはいけないのです。

世の中の情報にまめに触れる

具体例の示し方

1 例示は意見の信頼性を高めるものを使う
2 例示の始まりには「たとえば」「実際」を付ける
3 例示は理由・説明の内容に合わせる

練習問題

解答➡別冊16ページ

■ 課題文2の旭山動物園の園長は、動物園を再建するために、職員の研修をしたといいます。これを読んで、あとの問いに答えてください。

（慶應義塾大・経済・改）

（研修は）まず、「動物園とは何をするところなのか」といった動物園の存在意義の確認から始めた。

動物園というのはレクリエーション、つまり娯楽施設だと思っている人が多いだろう。しかし、厳密に言えばそれだけではない。（中略）「動物たちと一緒の楽しい時間を過ごし、その中で動物たちの素晴らしさを感じてもらい、それがきっかけとなって、『動物たちを保護したい』、あるいは『動物の生きる地球環境を守るためには、何をすべきなのか』などを考える意識を育てる。また、動物園は、『希少動物の保護・繁殖』に関わり、さらには、野生動物医学など、『学術研究の場』でもある」ということになる。

整理すれば、「レクリエーションの場」「教育の場」「自然保護の場」「調査・研究の場」の四つの役割がある。

こうした「動物園に携わる者としての基本スタンス」は、いまでも朝礼や勉強会など、さまざまな機会を使って、徹底し、確認している。極端にいえば、その基本に関して、飼育係が共通認識を持っていれば、あとはそれぞれの飼育係に考えさせる。それをうまく動物園づくりに生かしていけばいいのだ。

（小菅正夫『〈旭山動物園〉革命』）

問1 ある地方都市、およびその近隣には、動物園がまだないという状況を仮定してみましょう。そこで、旭山動物園をお手本に、自分たちの町でも、市立動物園を新設するのはどうだろう、という声が議会で上がったとします。

もし、あなたがこの市の職員だとして、市立動物園新設について市民が賛成してくれるように訴える文章を書くとしたら、どのように書きますか。あなたの考える根拠も含めて、行政から市民を説得する文章を、次の(1)～(3)の順で書いてみましょう。空欄①～④の中に入る言葉や文章を考えて書いてください。

(1) **「だ・である」か、「です・ます」か？――文体を決める**

文章を書くには、まずスタイルを決める必要があります。ふつうは、小論文を書くときには、「だ・である調」で書きます。でも、ここは、市の職員として、市民に呼びかけるわけですね。だとしたら、どういう文体がよいでしょうか。市民に対する敬意を表す意味でも「［ ① ］調」を選んだほうがよいでしょう。

(2) **最初に何を書くか？――言いたいことを冒頭に出す**

小論文に限りませんが、ほかの人にメッセージを伝える場合には、まず言いたいことをなるべく前に出す必要があるでしょう。ここだったら、「市立動物園を新設したい」あるいは「市立動物園新設という提案があった」ということでしょう。とりあえず、挨拶は省略しましょう。すると、冒頭の一文は次のようになります。

市では［ ② ］を考えています。

(3) **なぜ、動物園を作る必要があるか？――理屈を考える**

なぜ、動物園を作る必要があるか？ については、旭山動物園の園長は「整理すれば、『レクリエーションの場』『教育の場』『自然保護の場』『調査・研究の場』の四つの役割がある」と言うので、それを参考にしましょう。

もっとも、四つの役割すべてを述べる必要はありません。そもそも専門家でない「市民」に呼びかけるのですから「調査・研究の場」としての側面を述べてもあまり興味は引けそうもありません。でも、あとの三つは、一般市民でも興味がありそうな話題です。

ここでは、教育とレクリエーションの意義を考えてみましょう。教育は、とくに子どもたちが対象です。しかし、大人にも来てもらいたい。そこで、大人のためのレクリエーションの意義も強調したいと思います。

どのように書けば、具体的な効用を表現できるでしょうか。**説明**や**例**を考えて空欄に入る文を書いてください。

動物園はとくに子どもたちの教育の場として役立ちます。［　③　］

効用は子どもだけではありません。大人にも心の安らぎを提供できます。［　④　］

①

②

③

④

問2 市民の中には「教育」「文化」などには、あまり興味がなく、動物園を作ることにお金がかかることを心配する人もいるようです。

そこで、そういう人のために、動物園を作ることの経済効果を強調する文章も付け加えることになりました。**問1**で述べられている状況もふまえ、空欄⑤に入る文を考えて書いてください。

たしかに、これには多額の費用もかかります。しかし、［　⑤　］

⑤

最後に、市民が、この企画に積極的に関わってくれるようにお願いして、この文章を終わりました。

動物園設立に向けて、市はオリジナリティ溢《あふ》れる企画と熱意あるスタッフを選定中です。市民のみな様からも積極的なご意見とご支援をいただきたいと思います。

実践編

実践編 第1講

データを読んで理解する

日本のニット製品の輸入額の推移

（単位：100億円）

年	1988	1990	1993	1995	1998	2000
輸入総額	31.1	32.2	53.2	71.5	84.7	88.3
うち中国から	6.2	8.8	23.8	36.8	54.2	66.5

（『通商白書　各論』各年版）

さて、ここまでは、主にテーマや課題文を読んで小論文を書く、という基本的な練習をしてきたのですが、この講からは、もう少し実際の問題の形に即して考えていきましょう。

最初は、グラフやデータを扱った問題を取り上げましょう。小論文の問題は、課題文を読んで書くという形式が多いのですが、社会科学系や自然科学系の問題では、グラフや表などのデータを読んで書く、という形のものがけっこう多いのです。

▼データを読むにはどうするか?

「え?　グラフや表は文章じゃないから、文章みたいに読めるわけないよ」なんて言う人がいるかもしれませんが、それは大間違い。グラフや表は文章ではないけれど、ちゃんと読むことができるのです。それどころか、絵や写真だって眺めるだけでなく、読むことができるのです。「だって、主語や述語もないのに、どうやって読むの?」主語はだいたいグラフや表の題名に書いてあるし、述語はグラフや表の傾向を見ていけば出てきます。

上にあげた表は「日本のニット製品の輸入額の推移」という題名が付いています。これが「主語」で、それが「どうなったか?」が「述語」の部分。見ればわかりますが、輸入総額は増える一方で、２０００年では１９８８年の3倍近くになっています。とくに中国からの輸入は、10倍以上にも増えています。

データを読むときに大事なのは、細かな違いを無視して、大きな増減に注目することです。小論文に限らず、文章は、細かな量的な違いを表すのが苦手です。たとえ書いても、うまく伝わらないことが多い。だから、「ざっくりと」これくらい増えた、こんなに減った、などと書くのがベターです。「こんなに」のところも、半分、3割などと大雑把に表します。

この表を文章化しましょう。「80年代後半以降、日本のニット製品の輸入額は増加を続け、２０００年には、１９８８年の3倍程度にふくれあがった。とくに、中国からの輸入は10倍以上になっている」。

データを読む＝ざっくりと傾向を文章化する

▼背景・原因を考える

その次に行うべきは、どうして、こういうことになったのか、背景や原因を考えることです。貿易が自由になったから、日本で作るより、労賃が安い中国から輸入したほうが費用を抑えられる。このようなメカニズムは、ファスト・ファッションの企業などを見ればわかるはずです。昔ならば高かったカシミアのセーターが、今なら1万円以下で売られています。これは中国をはじめとするアジアの国で作られたものを輸入しているからです。こういう傾向が、ずいぶん前から起こっているので、日本経済の衰退は今始まったことではないことがわかりますね。背景や原因を考えれば今起こっていることにも「なるほど」と納得がいくわけです。

例題1 次のグラフは、女性の年齢別労働力率を表しています。「労働力率」とは、15歳以上の人口に占める労働力人口の比率です。

（慶應義塾大・法・FIT入試・改）

問1 A〜Cのグラフの傾向を文章にするとどのように表されるでしょうか。空欄①〜⑤に、適当な言葉を入れてください。

A　女性の年齢別労働力率（1965年）

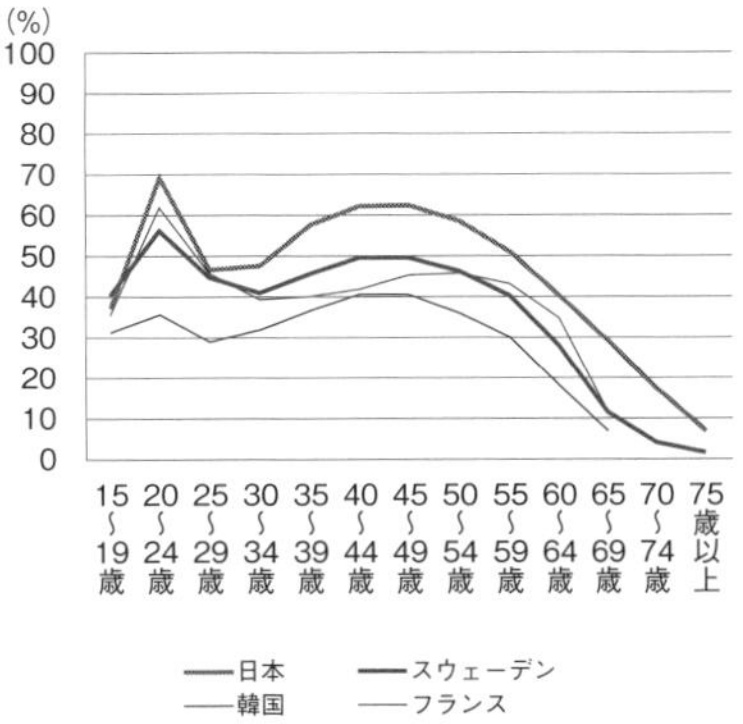

B　女性の年齢別労働力率（1985年）

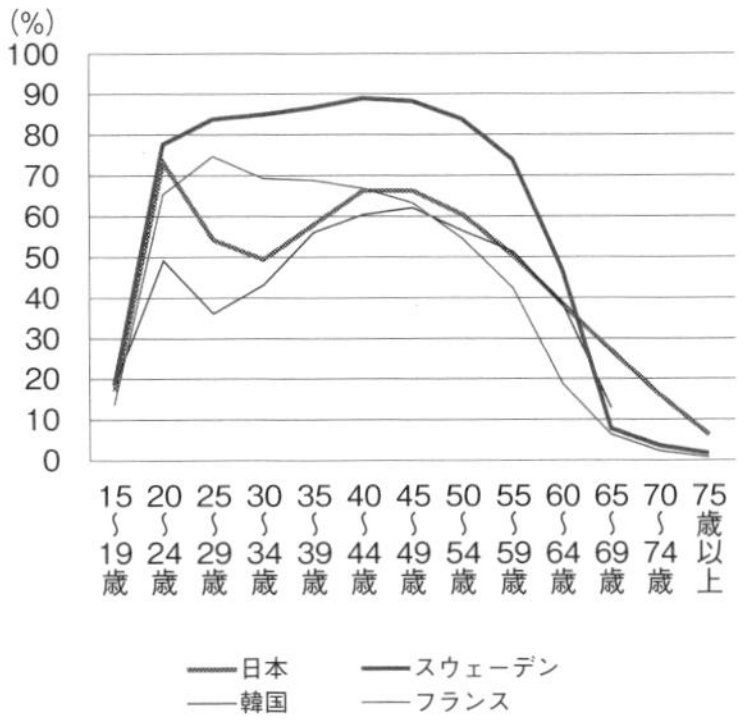

A：女性の労働力率は、韓国を除いて、だいたい40〜70%前後だが、日本、スウェーデン、フランスの各国は、25歳から34歳までの労働力率がその前後より［①　　］。それに対して、韓国では、女性の労働力率自体は低いが、その年代での減り方が［②　　］。

B：女性の労働力率は、各国ともに1965年と比べて、全体的に［③　　］。が、日本と韓国は、25歳から34歳にかけて、労働力率が［④　　］。それに対して、スウェーデン、フランスは、その年代でも労働力率は、その前後と比べて［⑤　　］。

問2 Bの文章にならって、Cのグラフの傾向を書いてください。

C　女性の年齢別労働力率（2005年）

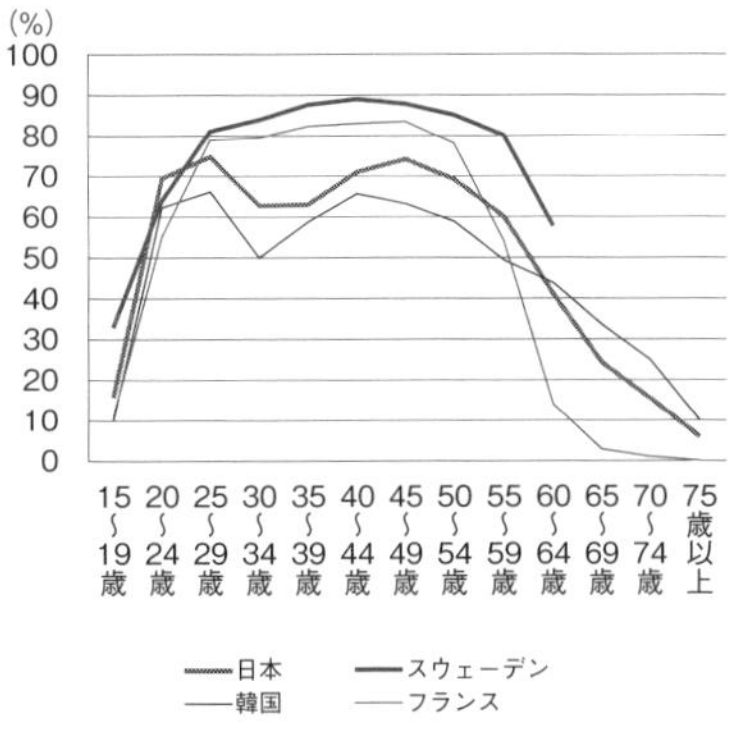

（A〜C いずれも ILO Department of Statistics ウェブサイト：http://laborsta.ilo.org/STP/guest より作成。ただし、国によって調査年・年齢区分に若干の違いがある）

C：

例題1 解答例

問1 ①低くなっている　②少ない　③上がっている　④低くなっている　⑤変わっていない　**問2** 女性の労働力率は、各国ともに1985年と比べて、さらに上昇している。ただ、日本と韓国は、まだ25歳から34歳にかけて下がる傾向が残っている。それに対して、スウェーデン、フランスは、その年代でも労働力率は他の年代と比べて変わっていない。とくにフランスは50歳代前半まで平坦で、それ以降、急速に下がっている。

例題1の考え方

これは折れ線グラフと言われます。このグラフは、時間と関わった推移を表すのが得意なグラフです。実際、ここでも女性の年齢とともに「労働力率」つまり、その年齢層全体の何%が職に就いて労働しているか、を表しています。日本、スウェーデン、フランス、韓国の4か国が比較できますね。

▼大雑把な傾向をつかむ

問1 1965年のグラフAを見ると、日本、スウェーデン、フランスの3か国では、25~34歳のあたりで、労働力率曲線が大きく下に沈んでいることが見てとれます。その後、フランスではやや戻りが少ないのですが、日本・スウェーデンは40歳以降、20~24歳の水準近くまで戻り、その後、緩やかに下がっていきます。大雑把にMの形をしているわけです。ただし、韓国は、少し凹《へこ》んでいますが、30歳以降上昇し、40代前半でピークに達します。

一方、1985年のグラフBによると、スウェーデン、フランスでは、こういう凹みはほとんど見られません。全体に、労働力率が上にシフトするとともに、その形もフラットに近くなります。それに対して、日本と韓国では、日本は25~34歳、韓国は25~29歳で落ち込みがよりはっきりと現れる一方、30代からまた上昇し始め、40代でまたピークに達します。M字の形がより明確に出てきます。

▼グラフを比較・対照する

問2 このM字の形は、日本と韓国では、2005年のグラフCでも変わりません。たしかに、その凹みは浅くなってはいますが、スウェーデン、フランスのようなフラットな形にはなっていません。この対照が鮮やかですね。

▼なぜ、こういう形になるのか？

例題1では、女性の労働力率がなぜ、こういう形になるのか聞いてはいませんが、背景・原因を考えてみましょう。この20~40歳のあたりは結婚・出産・育児の期間に当たります。女性が、結婚・出産し、育児に集中して、職業に就いて仕事をしなくなれば、労働力率は下がるわけです。

しかしながら、20~40歳の女性の労働力率が低いのは、生物学的理由によるものではありません。なぜなら、1985年以降のスウェーデン、フランスを見れば、日本、韓国のような仕事の中断はなくなっているからです。これらの国では、20歳前後から働き始め、50~60歳ぐらいで退職するまで、仕事にとどまるのです。おそらく、育児をしながら仕事を続けられる仕組みが整っているのでしょう。

一方、日本・韓国では、そういった仕組みが整っていないようです。育児のために、女性が仕事を休んだり辞めたりしなければならなくなる。社会にも、育児を支援する仕組みが足りない。だから、今までの仕事から離れて、育児に集中しなければならなくなる。そういえば、この二国は、世界の中で、少子化が急速に進んだ国と言われています。せっかく始めた仕事を辞めなければならないなら、女性は、なるべく結婚・出産を遅らせようとするでしょう。ここから見られるように、出産・育児の時期に仕事を離れなければならないなど、女性が働きにくい環境では、少子化が進むのも当然かもしれませんね。

例題 2　次のグラフは、いくつかの国の家計消費支出を比較する目的で作成されたものです。

（慶應義塾大・法・FIT入試・改）

家計消費支出の国際比較（2006年）

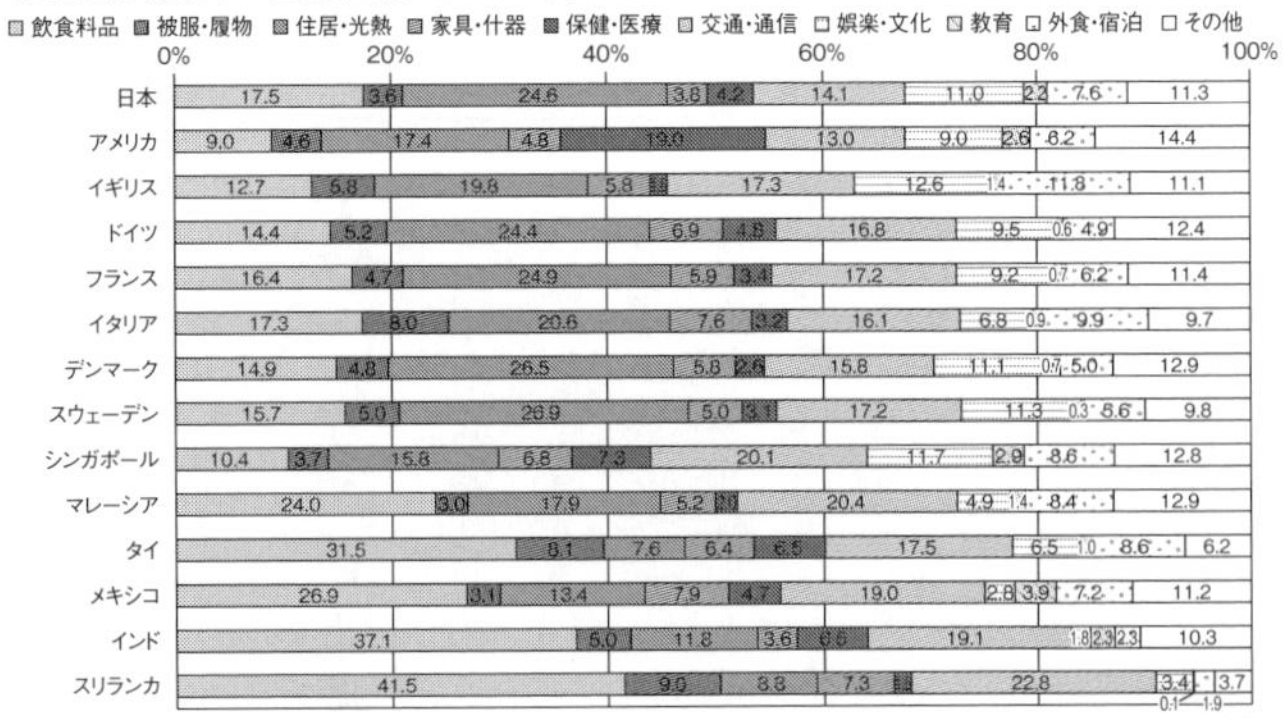

（社会実情データ図録）

問1　このグラフから読み取れる傾向は何でしょうか。次の空欄①～③に入る適当な文を考えて書いてください。

なお、ここにおける傾向とは「日本とアメリカを比べると……」というような個々の国の比較ではなく、「アジアは……であるのに対して、欧米は……である」とか「先進国は……であるのに対して、発展途上国は……である」というように、より一般的なグループ分けをして、相互に比較して、何らかの法則を見出《みいだ》すことを意味します。

このグラフによれば、①［　　　］。

たとえば、②［　　　］。

一方、住居・光熱費の割合は、③［　　　］。

問2　各国の消費傾向において、このような違いが現れてくる背景・原因は何でしょうか。「エンゲル係数」という用語を手がかりにして、次の空欄④～⑧に入る適当な言葉や文を考えて、そのメカニズムを書いてください。

なお、「エンゲル係数」とは、諸生活費用の中で、食料に使われる費用の割合をいいます。食べる量は収入が変わってもあまり変化しないので、収入が増えると、一般にエンゲル係数は低くなります。

こうした現象の背景には、④［　　　］があるだろう。発展途上国では、そもそも収入が少ないので、その大部分を⑤［　　　］。つまり、エンゲル係数が⑥［　　　］のだ。これに対して、先進国では収入が多いので、必然的に食料にかける部分は少なくなり、エンゲル係数が⑦［　　　］。むしろ、⑧［　　　］。だから、住居・光熱費の割合が比較的多くなるのである。

例題 2　解答例

問1　①先進国では住居・光熱費の割合が多いのに対して、発展途上国は飲食料品の割合が多い　②インドやスリランカでは飲食料品の割合は約40％なのに対して、アメリカやイギリスでは10％程である　③タイやスリランカでは8％程なのに対し、スウェーデンやデンマークでは25％を超えている

問2　④先進国と発展途上国の収入の格差　⑤生命維持に必要な最低限の食料の購入に費やさざるをえない　⑥高くなる　⑦低くなる　⑧エネルギーを使って、自らの環境を心地よくするための費用が大きくなる

例題2の考え方

今度は帯グラフの読み取りです。グラフは、表などと違って、どんな形のグラフにするか、で読み取りのポイントが変わります。折れ線グラフは、時間の推移を表すのが得意だと言いましたが、帯グラフや棒グラフは、「Aは……であるのに対して、Bは～である」などの比較や対比を表すのに適しています。

グラフの種類によって表すポイントが違う

それに対して、円グラフは順位を表すのが得意ですし、レーダーチャートは、複数の要素間で、どのように重要性が異なるか、を表すのに適しています。

▼グループに分けて比較する

ここでは、14か国の家計消費支出が比較されていますが、言葉で14の違いを表すのは大変です。一国ずつ「これは何%、あれは何%」などと列挙したところで、かえって、何を述べているのかわからなくなります。絵や写真のヴィジュアル情報と違って、言葉は、いくつものことを同時に並列に表すことが苦手です。グラフもヴィジュアル情報ですから、それを言葉化するには、並列ではダメなのです。

言葉が得意なのは、「Aである／Aでない」という対比の関係を表すことです。実際、イヌという言葉が成立するのは、「イヌであるもの」と「イヌでないもの」が明確に区別されるからです。それ以上になると、言葉はとたんにあいまいになります。

そこで、ここでも、この14の国を大きく二つのグループに分けてみましょう。たとえば、先進国と発展途上国。当然、先進国は金持ちで余裕があり、発展途上国は貧しくて余裕がありません。「エンゲル係数」という言葉をヒントにすると、金持ちで余裕のある家計では「エンゲル係数」、つまり食料にかかるコストが全体の中で低くなります。

なぜって、どんなに頑張っても、相撲の力士やプロレスラーでもない限り、ふつうの人の5人前食べるなどということはありえないからです。いくらお金をかけても、食べる量には限りがある。だから、食料にかかるお金の割合は低くなるわけです。逆に、貧しくて余裕のない家計でも、生存に必要な食料だけは、確保しなければならない、だから、「エンゲル係数」は高くなるわけです。

▼グラフとの対応を確かめる

さて、そういう視点からこのグラフを眺めてみると、まさに、この傾向が存在することがわかります。たとえば、インドやスリランカの家計消費支出を見てみましょう。これらの国は、経済発展しているとはいえ、まだ「先進国」とまでは言えません。すると、飲食料品の割合が、インドは37・1%、スリランカは41・5%と、なんと約40%を占めています。それに対して、先進国では、アメリカが9%、イギリスが12・7%と10%前後になっています。日本は、17・5%とだいたいイタリアの17・3%と同程度。そういえば、日本の1人当たりGDP（国内総生産）は世界21位で、だいたいイタリアと同程度ですので、このパーセンテージはぴったりと対応しています。つまり、食料にかかるコストという点で言えば、日本は先進国下位になっているわけです。

とすれば、もうグラフから読み取れることは明らかでしょう。先進国では、食料にかける費用の割合が少なくなり、エンゲル係数が低くなります。逆に、発展途上国では、食料にかける費用の割合が多くなり、エンゲル係数が高くなります。

一方、住居・光熱費の割合は、先進国で多くなっています。これらの費用は、自分の環境を快適にするための費用で、しかもいくらでも規模を大きくすることが可能です。家が大きくなっても、収入が十分あれば、使用人を雇って維持させればよいのです。でも、お金がないと、それができない。自分ができる範囲で最小の環境を確保し、しかも、それを快適にする余裕などないのが普通です。だから、住居・光熱費にかけられる費用は少なくなる。実際、タイやスリランカでは住居・光熱費が家計全体に占める割合は、約8％なのに対し、スウェーデンやデンマークでは25％を超えていますね。

▼小論文を書くときの順序

これらの内容を書くときは、次のような読解から解釈へという順序で書いていきます。

グラフ・データ型小論文を書く手順

1 読解：グラフ・データから大雑把な傾向を読み取る
2 解釈：なぜ、そういう傾向が出てきたのか？　背景・原因を推理する

解釈は、「なぜ、そういう傾向が出てきたのか?」を説明できる仮説です。もちろん、これが本当に正しいかどうかについて、このグラフ以外の証拠はありません。ただ、そういう仮説を立てると、このグラフの形とぴったり符合する、というだけです。

▼解釈は提案につながる

しかし、グラフやデータに対して、それを説明できる仮説を考えられる、というのは大事な能力です。自然科学でも社会科学でも、私たちが直接に確かめることができるのは、現象でありデータだけです。でも、その背後に、何らかのメカニズムが働いていて、そういう現象を生み出している、と仮説を立てるのです。

背後のメカニズム ⬇ 表面に現れた現象・データ

この背後に働いているメカニズムの見当が付いて、未来にも同じようなメカニズムが働くと考えれば、「これからどうなるか?」というだいたいの予測ができるし、「何をしたらいいか?」「何を避けたら、悪い事態にならなくてすむか?」などの提案もできるようになります。

逆に言うと、そういうメカニズムが見つけられないときは、「こういう条件のときには、どうするか?」という具体的な形で提案ができず、一般的に有効と思われる精神論など、ボンヤリした提案しかできなくなります。そういう陳腐な提案で、よくあるのは「教育する」とか「規制する」という結論です。でも、そういう提案は時間がかかりすぎたり規制しすぎたり、だいたいうまくいかないものです。

データをもとにしたほうが、予測も提案もより具体的にできることを覚えておきましょう。

予測・提案は仮説に基づいて行う

練習問題

解答➡別冊18ページ

次のA～Dの四つのグラフから読み取れることをもとに、これら四つの現象を関連づけて同時に説明できる仮説を立ててみましょう。その際、問1～問4の指示にしたがって、順に整理して考えてください。

（慶應義塾大・法・FIT入試・改）

A　日本における
糖尿病の推計患者数の年次推移

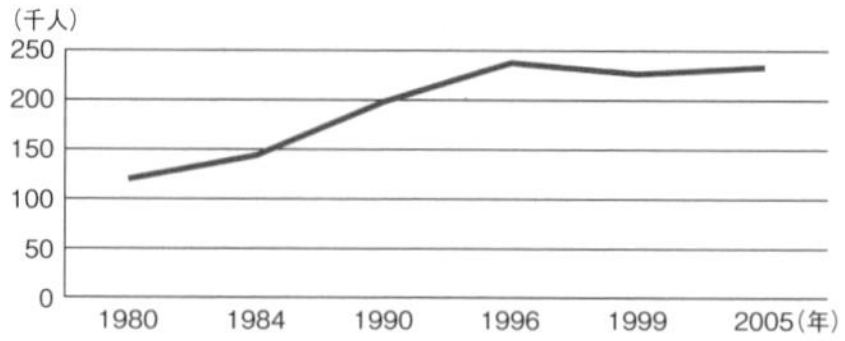

（厚生労働省「平成20年患者調査」）

B　日本における
自動車保有台数の年次推移

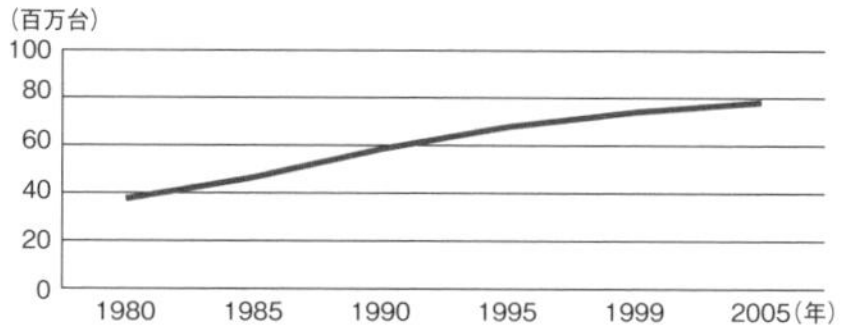

（自動車検査登録情報協会「自動車保有台数統計データ」）

C　日本における
米の消費量の年次推移

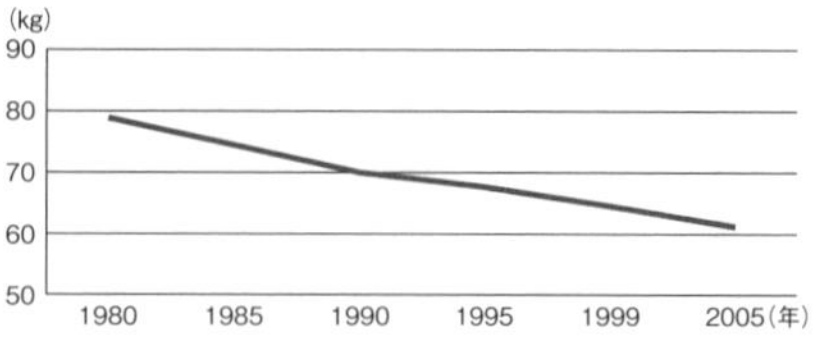

（農林水産省「平成22年度食料需給表」）

D　日本における男性肥満患者(BMI≧25)の
実数の年次推移

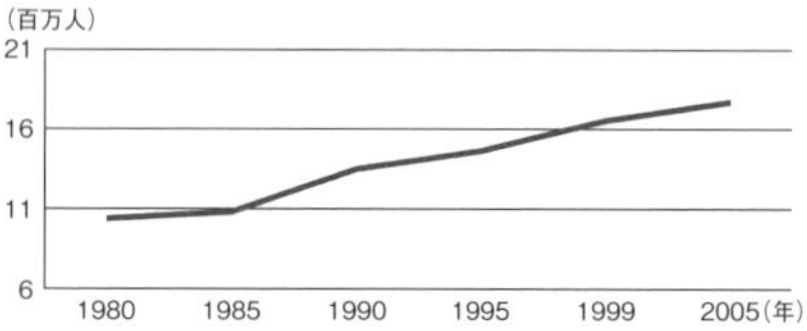

（厚生労働省「平成22年国民健康・栄養調査報告」
総務省統計研修所「日本の統計2012」）

問1　各グラフから読み取れる傾向は何でしょうか。一文で表してください。

A

B

C

D

問2　問1で考えた四つの現象の背景にあるメカニズムは何でしょうか。空欄①～③に入る適当な文を考えて書いてください。なお、1980年代は「バブル時代」と呼ばれ、日本社会が急速に富裕になった時代として知られています。

家計が豊かになった
⬅ 食生活の洋風化が起こった ⬅ ①
⬅ 自動車が購入できるようになった ⬅ ②
⬅ ③ ⬅ 糖尿病患者数が増加した

①

②

③

問3 1980～95年の期間について、問1・問2で考えた傾向・変化をふまえ、四つのグラフに現れている現象を関連づけて同時に説明できる仮説を300字以内で書いてください（句読点も字数に数えます）。

問4 1996年以降、糖尿病患者数の増加は止まり、その後横ばい状態になっています。なぜ、このような現象が見られたのでしょうか。
⑴まず、空欄④・⑤の中に入りそうな内容を考えて、⑵それを利用して、なぜ、糖尿病患者数の増加が止まったのか、200字以内で書いてください（句読点も字数に数えます）。

食生活の洋風化＋自動車保有台数の増加
→ 糖尿病患者数の増加
→ ④
→ ⑤
→ 糖尿病患者数の増加が止まった

⑴
④
⑤

⑵

相手と議論する

小論文のお手本は対話です。とくに、お手本とすべきものは「ソクラテス・メソッド」といいます。「ソクラテス」とは、古代ギリシアの哲学者で、当時のアテネの町の若者たちに、しょっちゅう議論をふっかけていました。

▼議論とは対話である

その議論のネタの中には「勇気とは何か？」「愛とは何か？」「正しい議論のやり方とは何か？」「宇宙はどのように出来上がったか？」など、さまざまなものがあるのですが、とにかく、ソクラテスはたくさん問いかけ、その答えを吟味する、という作業をくり返します。それらの対話には、つねに結論があるわけではないのですが、そうしているうちに、自分の考えていることが底の浅いことに気づいたり、考えが足りないことを知ったりするのです。

私たちは、自分一人で考えているだけでは、自分の考えがどれほどのレベルなのか、わかりません。他人から「それはどういうことなの？」「どうして、そういうことが言えるの？」「君の言うことに証拠はあるの？」などと問いかけられて、初めて自分の言っていることの水準や質がわかってくるのです。

他人からの問いかけに、すぐ答えられなくなるような意見は、高いレベルの考えではありません。他人から、いろいろ問いかけられても、「それはこういうことだよ」と説明できてこそ、相手も「なるほど！」と思ってくれるのです。

▼問題＋意見＋根拠だけでは終わらない

基礎編第1講で、小論文の基本は「問題＋意見＋根拠」の組み合わせだ、と言いました。この組み合わせは、対話で言えば、聞き手から出てくるであろう「なぜなの？」「くわしく言うとどうなの？」「証拠は何なの？」などの問いかけに一応答えています。

しかし、それだけ説明しても「君の言うことはわからないでもないけど、でもやっぱり賛成できないね。なぜなら、……だからだ」などと、しつこく食い下がってくる聞き手はいるものです。自分が何か主張をする限り、そういう相手を無視してはいけません。

むしろ、そういう風に食い下がってくる相手こそ、自分の意見を深めてくれる相手と考えましょう。そういう場合、小論文の基本は「問題＋意見＋根拠」で終わりません。そのあとに、反対意見の受け止めと検討という内容が加わります。

小論文の発展＝問題＋意見＋根拠＋反対意見の受け止め＋検討

もちろん、反対意見を受け取めたあとに、相手の意見に「なるほど！」と言ってしまっては負けです。「君の反対意見を検討したけど、やっぱり違うと思うよ」と否定できなくてはいけません。

それがうまくできないからと、反対意見を無視する人がよくいるのですが、これはたんなる「ごまかし」です。反対意見が予想されるなら、堂々とそれを取り上げて、きちんと検討して、否定しなければならないのです。

例題 次の文章は、原発再稼働についての**意見**です。これを読んで、あとの問いに答えてください。

最初の意見

原発を再稼働してはならない。なぜなら、日本は地震が多いので、地震で原発が破壊される危険が大きいからだ。もし、原発が破壊され、大量の放射性物質が漏れたら、広い範囲で人間が住めなくなる。

実際、東日本大震災のときも、津波で福島原発では電源喪失が起こり、一時、原発のコントロールができなくなる事故が起きた。もし、大量の放射性物質が漏れたら、東日本全域が住めなくなることも危惧された。こういう危険な施設をわざわざ稼働させる必要はない。

問1 最初の意見に対する「反対意見」について、空欄①～④に入る適当な文を考えて書いてください。その際、次にあげた【反対意見を述べる際の方針】に従ってください。

【反対意見を述べる際の方針】

(1) いったん相手の意見を受け止める
(2) 原発が危険である、という相手の根拠に反対する
(3) なぜ、危険でないか、という理由の形で説明する
(4) 危険でないという証拠（例示）を出す
(5) 原発の必要性を強調する

反対意見

たしかに、①＿＿＿＿
危険かもしれない。しかし、②＿＿＿＿。なぜなら、
③＿＿＿＿
実際、④＿＿＿＿

問2 この 反対意見 に対してさらに反論するには、どのような内容にしたらよいでしょうか。さらに再稼働反対の立場からの**意見**を２００字程度で書いてください。その際、次にあげた【再反論の根拠】を参考にしてください（句読点も字数に数えます）。

【再反論の根拠】

(1) 原子力規制委員会の専門家は、電力会社と関係があるので、中立の立場とは言えない。

(2) 原発の再稼働が少ない中でも、電力は足りており、これからエネルギーが足りなくなる心配は少ない。

(3) 原発以外でも、電力を確保する方法はあるし、太陽光発電の発電コストは原発より安くなっている。

再反論

だが、

例題 解答例

問1 ①地震をきっかけに、原発で事故が起こったら ②それは誤解である／原発はもはや危険ではない ③東日本大震災をきっかけに、原発の安全策はより洗練されたものになったからだ。だから、地震が起こっても破壊を心配する必要はない。 ④原子力規制委員会でも、専門家が検討し、問題はないと言っている。原発なしでは、これからの日本はエネルギーが足りない。早急に再稼働しないと、経済的に苦境に陥るだろう。

問2 安全策が万全なものかどうかについては、専門家の意見は一定していない。とくに、原子力規制委員会の専門家は、原発を推進する側の人が多く、中立の立場から判断しているとは言えない。現在、原発の再稼働は少ないが、電力不足は起きておらず、再稼働を早急に検討する必要はない。太陽光発電の発電コストは原発より安くなっているので、将来的に原発に頼らなくても、電力を確保することができる。地震の度に、放射性物質の心配をしなければいけない現状は改めるべきである。（２２０字）

例題 の考え方

ここでは、原発再稼働の是非について、再稼働に反対する立場、再稼働に賛成する立場の両方から主張が行われているだけでなく、自分とは反対の立場の意見をまず受け止め、それを検討し、それから自分の意見を述べる、という進行になっています。

▼再稼働に反対する立場の言い分

まず、再稼働に反対する立場が（最初の意見）として述べられています。この意見の根拠は簡単で「危険だ」という一言に尽きます。どういう危険かというと「地震が起こると、事故になるかもしれない」ということ。原発が事故を起こして、大量の放射性物質が放出されると、人間が住めなくなります。そうすると、社会的混乱・経済的損害がすごそうですね。

実際、東日本大震災のときには、福島原発が、津波で「全電源喪失」になって、コントロール不能になりました。津波による「全電源喪失」の可能性はずいぶん前に国会で指摘されていたにもかかわらず、当時の安倍晋三首相が「そんなことはありえない」と答弁したため政府は対策しませんでした。でも、実際には起こってしまったわけですね。

実際に起こったことは、証拠として重みがあります。東日本大震災では、一時期、東京を含む関東地方からの避難が検討された、といいます。本当にそうなったら、大パニックになったでしょう。

最初の意見

意見……原発は再稼働してはならない
理由……危険すぎるからだ
説明……地震が起こって、原発が破壊されると、大量の放射性物質が放出され、広範囲で人間が住めなくなる恐れがある
例示……東日本大震災では、福島原発が一時期コントロール不能になって、東日本全域が住めなくなることが危惧された

▼反対するにはどこをつくか？

問1 書かなければならないのは、これに反対する意見、つまり反論です。反論するには、まず、相手が根拠としている言い分を取り上げ、それを「そんなことはない」と否定しなければいけません。

反論するときには、相手の根拠を取り上げ、それを否定する

ここでは「危険である」ことが根拠となっているのですから、「危険ではない」と否定する必要があります。もちろん、「危険ではない」という理由に対する説明、さらに例示を出さなければなりません。説明は「安全策が強化されたこと」でよいでしょう。その例示としては「原子力規制委員会のお墨付き」というのはどうでしょう？　国の機関なので、とりあえず信用できるだろう、というわけですね。

しかし、相手の取り上げるポイント＝論点ばかりでなく、もっと根本的な論点も指摘しましょう。「そもそも、原発がなくなって困るじゃないか！」という、より根本的な論点を指摘して、「原発がどうしても必要だ」という点を強調します。これで「再稼働すべきだ」という意見が正しいはずだと述べるわけです。

反対意見

意見……原発は再稼働すべきだ
理由❶……もはや危険ではないからだ
説明❶……東日本大震災以後、安全策が強化され、地震が起こっても、事故が起こる心配はなくなった

例示……国の機関である原子力規制委員会が安全性を認めている
理由❷…原発がなければ電力は不足する
説明❷…エネルギーがないと、経済的に困る

説明❷のあとに、さらに例示を入れてもよいのですが、この例題では、そこまでは求められていません。

▼反対意見に反論する

問2 この 反対意見 に対して、さらに反論するには、理由❶か理由❷を否定する必要があります。**【再反論の根拠】**を参考に、解答例では、説明❶「事故が起こる心配はなくなった」の証拠（例示）となる「原子力規制委員会」の信用性を下げる、という方針を採りました。「専門家」といっても、原発推進の側の人ばかり集めていたのでは、心配する住民の意見が入らなくなり、中立的ではありません。一般に、専門家は自分の専門領域については「安全だ」と判断する割合が高いことがリスク・マネジメントの理論ではよく言われています。

さらに、理由❷「原発がなければ電力は不足する」という新しい論点も否定しています。最近では、太陽光発電の発電コストがかなり下がっていることが報道されています。原発が事故を起こして、その対応をしなければならない点まで確率を使ってコストを計算すると、原発の3分の1ですむ、という試算もあります。

再反論

意見……原発は再稼働してはならない
理由❶…安全だと言われているが信用できない
説明❶…原子力規制委員会の人選は中立的ではなく、その判断は政府・電力会社寄りである
理由❷…原発がなくても電力はまかなえる
説明❷…太陽光発電のコストは低くなっており、事故対応を考えると原発よりさらに安い

最後には、地震の危険性と、その度に原発事故の心配をしなくてはならないのは、あまりにストレスが大きい、という現状を指摘して、原発を止《や》めるべきだという結論にしています。

このように、対話を成立させるには、互いに相手の根拠を取り上げて、それを否定する、という作業が欠かせません。これを「批判」といいます。批判は、相手をただ攻撃することではありません。ある論点に絞って、その意見が間違っているということを、自分なりの根拠を示しつつ指摘することです。

つまり、批判には一定のルールがあり、それを守らなければ、対話にならないのです。こういうルールを守った批判のやりとりを議論（argument）といいます。この構造が認められない小論文は、評価が低くなるので、気をつけましょう。

小論文では、議論のルールを守って対話するように書く

議論のルール

1 **反対意見を予想して、その根拠を明らかにする**
2 **その根拠を否定することで自説を強化する**

練習問題

解答➡別冊20ページ

■ **次の対話のテウトによるタモスへの反論①、それに対するタモスによるテウトへの反論②の空欄に入る文章を、反論①・②あわせて400字程度で書いてください（句読点も字数に数えます）。**

（慶應義塾大・法・FIT入試・改）

昔、エジプトの発明の神テウトが文字を発明し、神々の王タモスに言った。

テウト「人々が文字を学べば、知恵と記憶力が高まります」

それに対しタモスは次のように答えた。

タモス「人々が文字を学ぶと、記憶力の訓練がなおざりにされ、忘れっぽくなる。また、文字が与える知恵とは外面的な知恵であり、人は見かけだけの博識家となり、うぬぼれてしまう。」

テウト「**反論①**」

タモス「**反論②**」

テウト

（解答欄）

タモス

（解答欄）

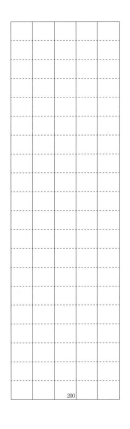

課題文から自分の意見につなげる

さて、いよいよ最後の講になりました。今までは、「原発の再稼働はすべきか／否か？」など、答えるべき問題が示されたり、グラフやデータが掲げられて、その原因を探ったり、という設問が多かったのですが、この講では、長い課題文が掲げられて、まず、その内容を理解し、それから、それに対する自分の意見を書いていく、というタイプの設問を扱っていきましょう。

実は、このタイプの設問は、大学入試で最もよく出るタイプなのですが、解くためには、実践編第2講までに習ったことがすべて必要になってきます。いわば、総合力が試されるわけです。

▼理解してこそ意見が書ける

このタイプの設問は、だいたい二つの部分からなっています。一つは「課題文を読んで、要約せよ」という部分と、「課題文の内容をふまえて自分の意見を述べよ」という部分です。前の部分は「理解」であり、あとの部分は「意見」です。

これは、会議などでの発言をイメージしてみればわかりやすいでしょう。たとえば、会議にちょっとだけ遅れて行ったとしましょう。そうすると、誰かが長々と意見を述べている。意見陳述が終わったら、その人が突然自分に聞いてくる。

「××さん、遅れてきたようだけど、私の言うことわかった？」

「ええ、わかりました」

「本当？　最初のほうはいなかったでしょう？」

「でもだいたいわかります。問題は……で、○○さんの言いたいことは、……ということでしょう？　違いますか？」

「まあ、それでいいかな。で、私の言っていることについて、どう思う？」

会議では、いろいろな発言があります。そこで意味のある結論を出すには、それぞれの人が何を問題にし、どんな意見や解決策を出し、それはどのような理屈に基づいているか、理解しなければなりません。ほかの人の言っていることを無視したり、取り上げてもいない問題について述べたりしたら、実のある会議になりません。

たとえば、「あなたは、朝、ご飯を食べましたか？」という質問に対して、「ご飯は食べませんが、パンは食べました。そもそも、忙しいときはパンのほうが便利ですよ。なんで、あなたはパンを食べた人を非難するのですか？」などと返答したら、場違いでしょう。

なぜなら、質問の「ご飯」とは、お米のことではないからです。食事の意味なのに、聞かれた人は、わざわざ「お米」と曲解して、「パン」との対比にすり替え、しかも「パンを食べた人」に対する非難と位置づけています。最初の質問は、「朝ご飯を食べたか／食べていないか」を聞いているだけなのに、これでは「逆ギレ」ですね。

▼「課題文をふまえて」の意味

残念なことに、こういうやりとりは世上にあふれており、そのために議論が進まないことがしばしばあります。だからこそ、大学入試では、他者の意見を正確に理解することがまず求められるのです。それを「課題文をふまえて、自分の意見を述べよ」と表現するのです。

例題1 次の文章は、作家である水村美苗氏のインタビュー記事です。これを読んで、あとの問いに答えてください。

（慶應義塾大・文）

課題文1

水村 （前略）読者に分かっていただきたかったのは、日本語という非西洋語圏の言葉が、かくも早々と「国語」になることができたのは、実は奇跡のようなことだったという事実です。

　私は「国語」というものを、国民国家の成立時に、翻訳という行為を通じて生まれたものだと考えています。日常生活で使う「現地語」が、古くはラテン語や漢語、そして今は英語が代表する「普遍語」からの翻訳を通じて磨かれてゆき、やがて「普遍語」と同じように、人類の叡智《えいち》を刻む機能を負うようになる。それが「国語」です。ところが人はいったん国語が成立すると、その起源を忘れます。海に国語を守られた日本人はことにそうです。

　でも、世界中を見渡すと、非西洋語圏では、機能する「国語」が存在する方が珍しいのが分かります。英語、フランス語、ドイツ語と並んで日本語があるのは、あたりまえのことではないのです。西洋列強による植民地政策によって勝手に線引きされた結果、世界にはまず多言語・多民族国家が多い。しかも支配層は宗主国の言葉を共通語として使っていた。これらの国では、今、自分たちの「国語」を作ろうとしていますが、「国語」の成立とは実はとても困難なことなんです。例えば、フィリピンでは英語とともにタガログ語が公用語とされていますが、タガログ語を話さない国民は「これは自分たちの言葉ではない」と反発しています。（中略）

　私は『日本語が亡《ほろ》びるとき』で、学校教育で近代文学を読ませるのを国家への提言のように書きましたが、こういう主張をすると、「学校で学ばせるとよけいに文学が嫌いになる」という反論が必ず出てきます。でもそれ自体、とても贅沢《ぜいたく》な反論なんですね。まず「国語」を持っている。そして教育がこれだけ行き渡っている。そのうえ教えるに足る優れた国民文学が存在する。それらのありがたみを考えたら、学校教育でこそ日本語を大切にして欲しい。日本語のように幸せな運命を辿《たど》った非西洋語はとても少ないという、まずはそのことを自覚して欲しいと思います。（中略）

　今後、さらに英語の影響力が増していったとしても、「話し言葉」としての日本語は当然残りますし、「書き言葉」としての日本語も残るでしょう。つまり日本語は、日本人が日常的に使う伝達の手段としても、さっと読み、すぐにブックオフで売ってしまう「廉価な文化商品」に使われる言葉としても残る。「現地語」としての日本語は日本がある限り消えないと思います。

　私が危惧しているのは、人がその言葉を真剣に読もうという、「国語」としての日本語が生き残れるかどうかです。かつての日本人は、「この本は高いけど、お夕食を一日抜いても買って読みたい」という気持ちで日本語を読んでいました。ところが今や、自然科学のみならず社会科学や人文科学の分野においても、世界的に意味のある文章は英語で読み書きされる。そんな時代に入った今、しかも、そんな時代が続くのが見えている今、日本語が娯楽以上のもの、〝ありがたいもの〟として流通し続けるだろうかということです。

（水村美苗「世界中から『国語』がなくなる日」）

問 水村氏の発言中の「普遍語」「国語」「現地語」とは、それぞれどういうものでしょうか。違いがわかるように220字以上280字以内でまとめてください（句読点も字数に数えます）。

例題1 解答例

「現地語」とは、日常的な伝達の手段として使われる話し・書き言葉である。それに対して、「普遍語」とは、ラテン語・英語などのように、ある時代・地域において共通に使われ、抽象概念などを駆使して、学問や芸術などで世界の真理や知識を探究するために使われる言葉をいう。「国語」とは、このような「普遍語」を、自分たちの使う「現地語」に翻訳して、抽象概念や厳密な論理などが扱えるようにした言葉である。だから、語彙やスタイルなどが変化して、学問や芸術でも使われることで、知識や真理を追究できるように発展させられている。（２５０字）

例題1の考え方

いきなり長い文章が出てきましたが、これは水村美苗さんが自著『日本語が亡びるとき』について語っているところです。水村さんには、私もお会いしたことがあるのですが、英語と日本語に堪能で、左側に英語、右側に日本語など2か国語で書いた小説も発表しています。

▼課題文の中での意味を理解する

さて、ここでは、「普遍語」「国語」「現地語」という三つの言葉が出てきて、それらの違いを述べる、という設問になっています。こういうときに大事なのは、課題文に書いてある定義に従うという原則です。言葉は、ある社会の中で使われて一定の意味をもちますが、それでも、その言葉の使い手によって特別な意味を与えられることがあります。ここの「国語」などは、その典型的な例でしょう。

学校で「国語」は教科の名前です。漢字の書き取りをしたり、小説や評論を読んだり、「傍線部はどういうことを言っているのか」などという問いに答えたりします。しかし、ここでは「国語」はそういう意味ではありません。筆者が、そういう慣用的な意味とは違った意味を与えているからです。それを、課題文と照らし合わせて理解する必要があります。

▼述べられた場所を確認する

重要なのは、第二段落でしょう。ここに「普遍語」「国語」「現地語」という三つの言葉が並べて説明されています。

「国語」というものを、国民国家の成立時に、翻訳という行為を通じて生まれたものだと考えています。日常生活で使う「現地語」が、古くはラテン語や漢語、そして今は英語が代表する「普遍語」からの翻訳を通じて磨かれてゆき、やがて「普遍語」と同じように、人類の叡智を刻む機能を負うようになる。それが「国語」です。

簡単そうなものから、先に片付けておきましょう。まず「現地語」は「日常生活で使う」言葉です。第五段落にも「『現地語』としての日本語」について「日本人が日常的に使う伝達の手段」とあります。また、「さっと読み、すぐにブックオフで売ってしまう『廉価な文化商品』に使われる言葉」とも書かれています。つまり、「現地語」とは、「日常的に使う伝達の手段」であり、手軽な娯楽の手段にもなる言葉だ、と意味づけできるでしょう。

一方、「普遍語」のほうは、まず「ラテン語や漢語、そして今は英語」という例が並べられています。こういう言語は、何をするためのものでしょうか？ 「人類の叡智を刻む機能を負う」とあるのですが、「叡智」がちょっと難しいですね。「すぐれた知恵」という意味ですが、それだけではなくて、「人類」という壮大な言葉が付いている。たんに「役に立つ」レベルではなく、人間全体の歴史や運命を変えるようなすごい知恵という感じでしょうか？ そうすると、科学とか宗教とか学問などが思い浮かべられます。

実践編第2講に「ソクラテス」という名前が出ていたのを覚えているでしょうか？ 彼は、二千年も前の古代ギリシアに生きていた人ですが、彼の教えは、今でも人々に影響を与えているわけです。彼の教えは「人類の叡智」と呼ぶにふさわしいでしょう。もちろん、これはイエスでもムハンマドでも、ブッダでも同じことです。

そういう教えは、どんな言葉で伝わっているのでしょうか？ ブッダの教えである仏教なら経典の形で「漢語」などで伝わってきた。イエスのひらいたキリスト教ならば「ラテン語」などで伝わった。現代だったら、そういう人間全体の歴史や運命を変える重要事は、たいてい英語になっている。こんな風に世界中の人が使い、重要な内容は、その言語の形で残しておく。そういう特別な言語があるのです。それが「人類の叡智を刻む」言葉＝「普遍語」の意味です。

▼対比しつつ意味を確定する

では、「**国語**」とは何か？　第二段落に「『現地語』が……『普遍語』から の翻訳を通じて磨かれて」とあります。つまり、人間全体の歴史や運命を変える重要事が書いてある「**普遍語**」から「現地語」へ、日本の場合であれば日本語に翻訳された言葉なのです。その際、「そういう言葉、日本語に今までなかったな」とか「こういう捉え方は初めてだ」なんて内容も続出するので、新しく対応する言葉を考えねばならないという場合があったでしょう。たとえば「哲学」や「意識」という言葉は、そういう風にして明治維新以降、新しく作られました。そうやって西洋に追いつこうと、さまざまな西洋語の本を日本語に翻訳したことはみなさんも日本史の授業などで習って知っていると思います。

実は、そういう過程は、西洋語でも同じです。たとえば、ドイツ語の聖書は、16世紀になってから作られました。それまでは、ラテン語で書かれていたので、ふつうの人は誰も読めなかったのです。しかも、このラテン語の聖書さえ、もともとはギリシア語から訳されたものです。そうやって「人類の叡智」は、翻訳に翻訳を重ねて伝わってきました。

日常に使われる言葉の範囲だけでは、こういう「人類の叡智」を伝えるのに語彙も概念も足りません。だから、翻訳する過程で、日常語をさまざまに改変した。その結果、「**現地語**」だけど、かなり複雑な意味まで表せる「**国語**」が出来上がった、というわけです。以上を表の形でまとめておきましょう。

現地語	日常的に使う伝達の手段
普遍語	科学・宗教・学問など人々に重要な情報を伝える手段
国語	翻訳を通じて、普遍語と同様に重要情報を表せるように変化した現地語

これを制限字数で表せば、解答は出来上がり。手順は簡単ですね。

例題2 **課題文1のインタビューはさらに続きます。これを読んで、あとの問いに答えてください。**

（慶應義塾大・文・改）

課題文2

――水村さんは、日本語を守らなくてはいけないとする一方で、人類の文明を進めるにあたり、「普遍語」の使用が効率的なのは間違いないとされています。「英語の世紀」に入った今、いっそ英語を公用語にするという意見も慎重に検討されていますね。このあたり、かなり迷われたのではないでしょうか。

水村 ええ、かなり迷いました。実際、短期的な国益を考えたら日本語など捨ててしまった方がよいのではという内なる思いと戦いながら書きました。

でも、最終的には、日本語を守るのは、フランス語を守る以上に意味があるという結論に達しています。英語の世紀に入ったとは、これから世界中の読書人が、英語という「書き言葉」を介して世界を理解していくということです。そのような世界において、まずは、英語以外の「書き言葉」を守ること自体に意味があると思います。でも、フランス語のような西洋語だと、世界の理解の仕方が、やはり英語と地続きの理解の仕方でしかありません。ところが、日本語はまったく違った言葉です。しかも「書き言葉」として長い歴史を持っている。そのような「書き言葉」が亡びるのは、大げさですが、人類が知的にも感性的にも貧しくなってしまうのを意味します。しかも、日本語は世界でも希有《けう》な表記法を持った言葉なので、「書き言葉」の種の多様性を保持する上でも、守らなくては。

ですから、私の立場はいわゆる「美しい日本語」を提唱する保守主義者とは違うと思うんです。私は、「美しい日本語」の存続が危ないと主張しているのではなく、世界中の「国語」が危ないと言っているのです。たまたま私が深くかかわっているのが日本語だから、「日本語が危ない」と強調している。（中略）

――水村さんにとっての「文学」の定義を教えてください。水村さんの薦める日本近代文学は、狭義の「文学」だと思いますが、広い意味では、『聖書』も「文学」といえなくもありません。

水村 文学は二つに分けて考えられると思います。一つは、十八世紀半ばから西洋で「文学」と呼ばれるようになった小説や劇や詩など。今、ふつう「文学」というと多くの人が思い浮かべる、いわゆる狭義の「文学」です。

でも、私がこの本の中で最終的に問題にしているのは、広義の「文学」です。日本近代文学に強調をおいたので、誤解が生じたかもしれませんが、それこそ『聖書』も含んだ、すべての優れた書物を論じているつもりです。例えば、ダーウィンの『種の起原』や、フロイトの『モーセと一神教』なども素晴らしい文学だと思います。（中略）

ですから、問題は、今後、優れた小説が日本語で書かれるかどうかではなくて、今後、広義の意味での優れた「文学」が日本語で書かれるかどうかにあります。

（出典は前掲と同じ）

問 **課題文1・課題文2の水村氏の現状認識をふまえたうえで、「英語を日本の公用語とする」という意見について、自分の意見を３４０字以上４４０字以内で述べてください（句読点も字数に数えます）。**

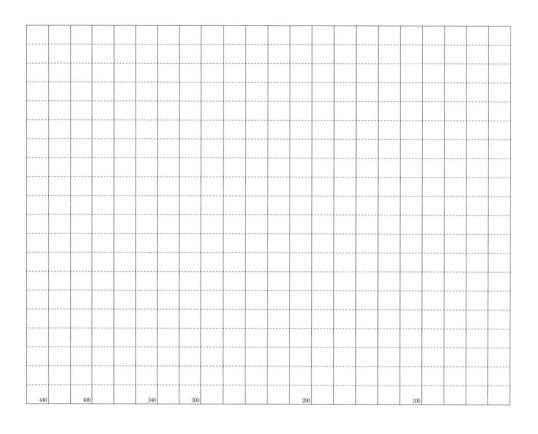

例題2 解答例

108ページ・109ページに掲載しています。

例題2の考え方

▼課題文をふまえて意見を言う

もし、作家である水村さんに、私がインタビューしなければならないとしたら、私は彼女の言いたいことを理解しなければなりません。そのためにふつう、インタビューする人は、インタビューされる人のことを「これまでにどんなことを言っているのか？」「どんなことをしたのか？」などと事前に徹底的に調べます。

私も、ある雑誌社の依頼で、アメリカの彫刻家G・シーガルという人にインタビューしたことがあります。もちろん、私は、彼の作品をほとんど見ていたし、美術館のカタログや彼に対する評論にも目を通していました。そこで「カタログにはこう書いているが、あなたは、その見方に同意するか？」と始めたら、「え？　そんなことが書いてあるのか？」と面白がってくれ、30分の約束だったのが、1時間半もしゃべってくれました。「お前の英語はシンプルだけど、内容は面白い」と言ってくれたことを今でも覚えています。

このように、相手に賛成するにせよ反対するにせよ、事前に相手のやりたいこと、言いたいことを理解しておく、ということが「ふまえる」ということの意味です。もちろん、小論文では実際の人に会うわけではないので、ここまで丁寧に下調べする必要はないのですが、課題文で述べられたことをきちんと理解しつつ、それに触れる形で、自分の意見も述べていかなくてはいけません。だからこそ、課題文の中の「定義」が重要になるのです。「意見を述べよ」と言われたからといって、自分の思い込みで書き始めてはいけないのです。

課題文をふまえる＝課題文で述べられたことに触れる

この設問では、水村さんの言う「普遍語」「国語」「現地語」の区別をふまえたうえで、「英語を日本の公用語とする」という意見について、自分の意見が求められます。

▼まず話題を理解する

ここでの話題は「英語公用語論」です。まず、これを正確に理解しましょう。「英語公用語論」とは「日本人は英語が使えないために、国際的な発信ができず損をしている。だから、英語を国民が使えるように公用語化して、国際的な発信ができるようにすべきだ」という意見です。

公用語とは、政府などが公的に作る文書で使用する言葉です。たとえば、カナダでは、英語とフランス語が公用語で、政府の文書はすべてこの2か国語で表記しなければならないし、学校でも、2か国語が同等の比重で使われます。この制度を利用して日本でも英語を公用語にすれば、文書はすべて日英の二つの言葉で書かれ、英語学習も日本語と同じようにするので英語力は上がる、と考えるわけです。

この内容に対して、自分の意見を言うには、二つの選択肢があります。この意見に賛成するか／反対するか、どちらかです。でも、「賛成である。なぜなら、日本人の英語力を上げるのは、グローバル社会の中で、重要だからだ」などと書いたのでは、「水村氏の現状認識をふまえた」とは言えないでしょう。なぜなら、「普遍語」「国語」「現地語」の区別という論点が、「日本人の英語力向上」という理屈にはまるで入っていないからです。むしろ、西洋を理解しようと、明治以来営々と積み重ねてきた「国語」を投げ捨ててしまうことにもなりかねない。「投げ捨ててよい」という主張はもちろんできますが、そのためには、先の問いで取り上げた区別をちゃんと検討したうえでなくてはいけないでしょう。

▼課題文の論点を整理する

課題文2の水村氏へのインタビューは、もっとずっと長いのですが、引用するのは、英語を公用語化することに関する部分だけにしました。しかし、やり方は、これまでと同じで、まず筆者が述べている意見を整理することから始めます。内容は次のとおりでしょう。

> **意見❶**…「国語」としての日本語を守るべきである（おそらく英語公用語論には反対）
> **理由**……日本語がなくなるのは、人類が知的にも感性的にも貧しくなることを意味する
> **説明**……日本語は、英語とまったく違った言語であり、表記法も独特な言語である。したがって、日本語がなくなると、「書き言葉」の種の多様性も減少する

> **意見❷**………文学とは、広義の意味で捉えなければならない
> **対比**…………小説や劇や詩だけではない
> **説明・例示**…すべての優れた書物。『聖書』、ダーウィン『種の起原』、フロイト『モーセと一神教』なども

国際的な発信力という肝心の論点には触れていないので、「日本人の国際的な発信力向上のために、英語を公用語化する」という意見に直接反対しているわけではないのですが、それでも、力点の置き方は明らかです。彼女が重視しているのは、『聖書』『種の起原』など、優れた書物（広義の「文学」）の内容を表せる「国語としての日本語」を守るべきであるという論点です。

なぜなら、それが、言語の多様性を守り、人類の多様性を守ることにつながるからです。日本語は、英語などの欧米語とまったく違った独特な言語であり、それにもかかわらず人類共通の財産である「優れた書物」の内容を的確に表せるほど洗練されている。そこまで、発達した「国語」はまれにしかない。それを捨て去るのはいけないと述べているのです。

▼課題文の論点を検討する

英語公用語論に賛成するにしても、この彼女の意見を無視できません。だから「言語の多様性を守る」という考え方を肯定するなら、それと英語公用語化との両立をどうするか、を論じなければならない。否定するなら、今まで彼女が述べてきた「国語」の意義も否定しなくてはいけない。たとえば、英語で直接理解すればよいのだから、「国語」などもはや必要がないし、言語の多様性を守る必要もない、などと。

逆に、英語公用語論に反対するのなら、彼女の「言語の多様性を守る」という考え方を根拠として援用できるでしょう。ただし、その場合は、日本語が英語と違った言語で、貴重である、ということを彼女とは違った例示や説明を使って述べなくてはいけません。

▼賛成・反対の書き方

一般的に、誰かの**意見・主張**に同意・賛成する場合は、それをそのままくり返すわけにはいきません。必ず、どこかの部分を変えないと「独創性に欠ける」と評価されてしまいます。変えるための方法は二つあります。一つは「**補足**」です。元の意見・主張の大筋は認めながらも、「この点が論じられていないから、補うともっとよいだろう」という立場。もう一つは「**修正**」で、「ここをこう変えたら、もっとよくなる」という立場です。いずれの立場も、何か新しい内容を入れなければなりません。

元の意見・主張に反対するときは、さらに大変です。相手の意見・主張の理由・説明や例示を否定しなければならないからです。理由が違う場合は、それを「間違いだ」と指摘し、例示も違うモノをもってくる。さらには、この筆者なら、どう反論するだろうか、と予想して、それもあらかじめ否定しておく。このぐらいの手間ひまをかけて、ようやく反対できるのです。

元の意見の理解
→ おおむね賛成 ↓ 別の例示 ↓ 補足・修正
→ 反対 ↓ 根拠の否定 ↓ 反対意見の予想・否定

さて、日英バイリンガルで小説まで書いている水村さんに向かって、反対意見を貫く自信がありますか？　正直に言うと、私にはその勇気はありません。だとしたら、おおむね賛成↓補足・修正というコースをたどるのが楽かもしれません。ただ、そういう「エライ人」に対して敢然と反対するのも、大切な訓練になるので、練習はしておいて欲しいですね。

▼避けるべき方向

もう一つ注意しておかなくてはならないのが、この引用部分から「避けたほうがよい解答」がわかることです。たとえば、課題文2にもあった「美しい日本語を提唱する」立場です。英語公用語論に賛成するにせよ反対するにせよ、これは、水村さんの言いたいことではありません。もし、そういう立場をあえて採るなら、それは彼女の意見に反対するのと同じことで、**根拠**を自分がすべて出さなくてはいけません。これをやり抜くのは、けっこう大変です。うっかり「美しい日本語が大切だ」などと始めないようにしましょう。

課題文への賛成・反対意見の書き方

1 課題文の内容をふまえて、自分の意見を言う
2 賛成する場合は、補足・修正を忘れない
3 反対する手順は大変だが、練習しておく

それでは、英語公用語論に反対・賛成、それぞれの立場での意見を書いてみましょう。

（解答例は次ページから掲載しています。）

例題2 解答例1

英語を日本の公用語とすべきではない。なぜなら、水村氏の言うように、言葉の多様性を守らないと人類は知的・感性的に貧しくなるからである。とくに、英語でものを書く限り、英語圏の人々の考え方・感じ方に合わせなければならず、それ以外のものは世に出にくくなる。つまり、英語で書くと、英語中心の世界に閉じ込められるのである。

たとえば、ケニアの作家ングギは、英語で教育を受けたため、はじめ小説を英語で書いたという。その結果、彼の作品はイギリス文学の中の「辺境英文学」として位置づけられた。ケニアのことを書いたのに、当のケニア人には読まれず、英米の好事家の興味の対象になったのだ。一番身近で、読者となって欲しい自国民に届けられなかったのである。

英語では、たとえ日本のことを書いても、日本に特別な関心をもつ読者にしか伝わらず、社会に大きな影響を与えられない。おそらく「日本的情緒」なども、それを良いと思う人は少なく、やがて姿を消すだろう。これでは文化の多様性を減じる結果になるだろう。

（432字）

(注) 入門編第1講で説明した字数の数え方とは異なりますが、解答例の文字数は、空欄の数を含みません。実際の入試では、解答欄の形式にあわせて、段落構成や文字数を調整しましょう。

▼解答例1の構造

これは、「英語を日本の公用語とすべきではない」と公用語化について反対の立場を採っています。その**理由**として、「言葉の多様性を守らないと、人類は知的・感性的に貧しくなるから」として、水村さんと同じ**理由**をあげています。ここまでは課題文の主張と同じです。

ただ、そのあとの**例示**が違っていて、課題文にはまったく書いていない内容になっています。ケニアの作家「ングギ」について知っている人は少ないかもしれません。アメリカでは有名なのですが、日本では、ほとんど翻訳がないからです。彼は、ケニアの生活のことを書いたことで知られていますが、はじめは、大学で習った英語で書いたために、ケニアの人々には読まれず、もっぱらイギリスで紹介されました。

日本の文学なら、川端康成の『雪国』が、はじめから英語で書かれた場合をイメージしてみましょう。大部分の日本人は英語で小説を楽しめるほどの英語力はないので、読者は英米人中心になりますね。だから、プロの作家なら、たとえ日本のことを書いても、とりあえず英語の堪能な英米人の興味をもちそうなストーリーや書き方にしなくてはならない。これでは、文学が英米人中心の見方になってしまいます。

たしかに、この**例**は、自分の知っている情報を動員しているので、知識がないなら、こういう答案を書くことはできないでしょう。でも、こういう答案例を読むのは無駄ではありません。こういう見方があるのか、こういう人がいたのか、と視野が広がって、似たような事例が出てきたときに「ああ、あれと似ている!」と思い当たるようになるからです。そういうことのくり返しが新しい事実・情報への好奇心・興味を醸成します。次の小論文を書くときのネタになるわけです。

例題2 解答例2

英語を日本の公用語とすべきである。なぜなら、学術文化を発展させるには、普遍語の使用が必須であるからだ。英語は、かつてのラテン語のような普遍語であり、論文発表でも英語が主になっている。しかし、日本人の母語でないので、習得に時間がかかり、その分、ほかの知識・学問にかけられる時間が少なくなる。これでは、国際競争で不利になる。

もし、英語を日本の公用語とすれば、子どもの頃から英語に触れて言い回しのパターンにも慣れるので、習得時間も大幅に減る。当然、ほかの知識・学問を学ぶ時間も増える。実際、アメリカ人はほとんど外国語学習に時間をかけない分、数学などに時間をかけられるという。自国語でいくら論文を書いても国際的な評価にはつながらないのだから、はじめから英語で書けるようにすべきだ。

そのメリットに比べれば、言語の多様性の保存など小さな問題にすぎない。言語はまず生存の役に立つべきで、多様性を守るために、わざわざ生存に不利な言語を選択する必要はないのだ。（421字）

▼解答例2の構造

今度は、「公用語化」にあえて賛成する主張をしてみました。第一段落で「普遍語」について触れており、最後の段落でも「言語の多様性」の論点に触れています。これで「課題文をふまえる」ことになっているわけです。とくに「言語の多様性」については、水村さんの言っている内容を真っ向から否定しています。**理由は**「言語の多様性を守る」ことより、「国際社会で生存する」ことが大切だという理屈です。日本人の生存に役立つなら、「言語の多様性」の保存など小さな問題にすぎない、というのですから、あまりにも実利的すぎる主張のようですが、ビジネスマンなどなら、こういう主張に「なるほど！」と思うかもしれません。実際、現代日本の経済界では「人文系の学問など、役に立たないから、大学で教える必要はない。趣味でやればよい」などという主張がしばしば行われます。それを考えれば、多少粗雑な感じはしますが、一定数の人々には、このような主張も説得力があるのかもしれませんね。

▼自分なりの論点を出す

一方、第二段落では「英語を日本の公用語とすれば、どうなるか？」という推論を述べています。ポイントは「時間が限られている」という点です。英語習得に時間をかければ、それだけほかの教科を勉強する時間は限られます。時間がとれなければ理解も進みません。だから、英語習得をできるだけ効率的にすべきだし、身の回りの文書にすべて英語が使われれば、英語に慣れるはずだという理屈です。

例示には、アメリカ人を出しました。これは、実際にそうなのですが、だいたいのアメリカの学生は外国語の学習に興味をもちません。なぜなら、世界のどこでも英語を使えばよい、と思っているからです。英語で苦労している日本人からすると、「なんだかな～」という感じをもちますが、彼らは「外国語で苦労するくらいなら、数学を勉強したほうが高収入につながる」と言うのです。一理あるとは思いつつ、私も悔しい思いをしたのを覚えています。

練習問題

解答➡別冊22ページ

■ **原子力発電所の再稼働に関する次の二つの新聞の社説を読んで、あとの問いに答えてください。なお、社説掲載日以降の進展については、解答において考慮しなくて構いません。**

（慶應義塾大・経済）

(1)　日本経済新聞　２０１２年６月18日　朝刊　社説

透明で信頼される再稼働基準に見直せ

　政府は関西電力大飯《おおい》原子力発電所3、4号機の再稼働を正式に決めた。野田佳彦首相が枝野幸男経済産業相ら3閣僚と協議し、最終判断した。これを受け関電は再稼働の準備に着手し、7月下旬にもフル稼働する見通しという。

　首相は原発の安全性と停止が長引くことによる経済への影響を考慮し、再稼働を「私が決める」としてきた。電力不足が見込まれる関西では梅雨明けとともに需要が膨らむ。フル稼働がそれに間に合うかは微妙だが、首相自身が決断したことはひとまず評価したい。

　一方で、再稼働の是非をめぐって世論が大きく割れたことを、首相は重く受け止めるべきだ。

　首相と3閣僚はストレステスト（耐性調査）の1次評価を踏まえ、津波や地震に対して原発が安全か見極める基準を設けた。この基準自体は妥当だが、本来ならば独自に基準を設けて安全性を厳しく審査し、それを国民に示すのは、専門家集団である原子力安全委員会の役割だったはずだ。

　原発ゼロが続けば電力不足を解消するメドが立たず、天然ガスの輸入などで年3兆円の国富が流出する。国民生活や経済に及ぼす悪影響を勘案し、再稼働の可否を総合的に判断するのは政治の役割だ。だが大飯原発では政治家が技術的・専門的な領域まで踏み込んで決めたとの印象を国民に与え、逆に不信を招いた面は否めない。

　政府は大飯に次いで四国電力伊方《いかた》3号機などの再稼働を検討し、首相は「丁寧に個別に判断していく」と述べた。だが大飯と同じような基準や手続きでよいのか。

　原子力の安全行政を担う「原子力規制委員会」の関連法案が今国会で成立の見通しとなり、9月までに発足する。福島原発事故で対応が混乱したことを教訓に、事故のときには規制委が技術的な判断を下し、首相はそれを覆せない仕組みにするという。

　原発の再稼働でも規制委が安全基準づくりを急ぎ、責任をもって安全確保に取り組むべきだ。規制委がまず安全性を確認したうえで、首相らが経済や国民生活への影響も考えて判断するならば、国民も理解しやすいはずだ。

　それには失墜した規制機関の信頼を取り戻すことが欠かせない。規制委の5人の委員は、原発の知識に加え、広い見識をもつ人材の起用が必須だ。政府は規制組織の器をつくるだけでなく、魂を入れることに全力を挙げるべきだ。

(2)　朝日新聞　２０１２年６月17日　朝刊　社説

大飯再稼働　原発仕分けを忘れるな

　関西電力大飯原発3、4号機の再稼働が決まった。

　野田政権は脱原発依存への道筋を示さないまま、暫定的な安全基準で再稼働に踏み切った。多くの国民が納得しないのは当然である。こんな手法は二度と許されない。

原発に絶対の安全はない。事故が起きたときの被害は甚大である。原発はできるだけ早くゼロにすべきだ。ただ、短期的には電力不足で日々の暮らしや経済活動に過大な負担がかかりかねない。どう取り組むか。私たちが昨年来、求めてきたのは全原発の「仕分け」だ。

福島事故の教訓をしっかり反映させた新たな安全基準と個々の立地に基づき、危険性の高い炉や避難が難しい原発から閉めていく。そのうえで第三者の目で必要性を精査し、当面動かさざるをえない最小限の原発を示し、国民の理解を得る。

こうした作業の要となるべきなのが、8月にも発足する原子力規制委員会とその事務局となる原子力規制庁だ。

これまでの原子力安全委員会や原子力安全・保安院は、地震や津波の専門家から活断層の存在や過去の津波被害などについて新たな知見が示されても、規制の強化に反映しないなど、原発推進機関と化していた。

新しい組織が抜本的に生まれ変われるのか。規制委5人の人選は極めて重要だ。委員の中立性を保つため、原子力事業者からの寄付情報の公開も徹底しなければならない。

規制庁は約1千人規模となるが、当初は大半が保安院や安全委、文部科学省など従来の原子力関連組織からの移籍組だ。

統合される原子力安全基盤機構（JNES）を含めて、いずれも電力会社や原子炉メーカーに、人や情報の面で依存する部分が大きかった。

器を変えても、なかで仕事をする職員の意識が変わらなければ、独立性が高まった分、「原子力ムラ」がかえって強化されかねない。

規制庁は、5年後から全職員に出身官庁への復帰を認めないことにした。この間に職員の意識改革を徹底し、独自採用を含めて人材の確保・育成を進める必要がある。

政権内には、新組織が発足すれば、残る原発も従来のストレステストの延長線上で再稼働が決まっていくとの期待がある。

だが、規制委や規制庁がまず取り組むべきは厳格な安全基準の策定だ。それに基づいて、すべての原発を評価し直し、閉じる原発を決めていく。再稼働はそれからだ。

問1 これらの新聞の社説には、見解が異なる部分と同じ部分があります。両者の見解の異同について200字以内でまとめてください（句読点も字数に数えます）。

100

200

問2 原子力発電所の再稼働問題についてのあなたの意見（賛否）に対し異なる意見をもつ友人から批判を浴びたとしたなら、どのようにしてその対立を乗り越えようと考えますか。あなたの意見の内容と、それと異なる意見の内容、および対立の乗り越え方について４００字以内で具体的に述べてください。

100 200 300 400

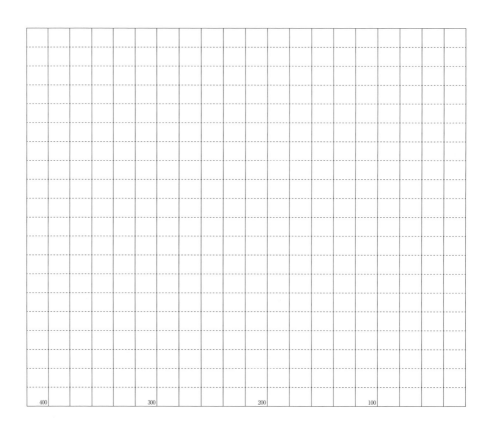

入門編 第1・2講 原稿用紙の使い方・文章の整え方（練習問題）

問題⇨本冊12ページ

解答例

　私は△△大学の国際社会学部で学び、国際機関で発展途上国の子どもたちが夢をかなえられる社会を実現する活動を行いたい。このような志望を持つに至ったきっかけは、アフリカ、ボツワナの民芸品を日本で売る女性に出会ったことである。

　彼女は、直売会で得た利益を現地の人に寄付している。ただ「かわいそうだから」と寄付を募るのではなく、現地の人が働いてお金を得たと感じられる仕組みでないと持続可能でないと言うのだ。それまで、私は「途上国支援」に関わりたいと思っていたが、具体的に何をやればよいのかわからなかった。それが、彼女と話してどんな方法が効果的なのか、しっかり検討しなくてはと思ったのだ。

　国際社会学部では、経済だけでなく、政治体制や教育体制、南北関係など、さまざまなアプローチで地域事情を学べるという。私は、幼少時に外国にいたので英語は多少できるが、各地域の細かい事情までは知らない。貴学部で知識と経験を深めて、発展途上国の子どもたちの可能性を開く活動につなげたい。

内容で段落を分ける

まず、1マスに1文字を書くのが基本。採点者に見やすいようにマスいっぱいに大きく書きましょう。次に、このような志望理由書では、過去と現在と未来の時点が交錯するのがふつうです。つまり、現在は「この大学のこの学部に行きたい」という希望で、過去は、どうしてそう思ったのか、というきっかけと、そこから考えて、こういう志望になったという経緯でしょう。未来は、この大学で学ぶことが、自分の将来にこんな風につながる、と示すことです。

段落は意味のひとまとまりなので、この過去・現在・未来を手がかりにして三段落に分けるとよいでしょう。上の文なら、この大学のこの学部に行って何をしたいのか、が一つ目の内容、そう思ったきっかけとそれが自分にとってどんな意味があったのか、が二つ目。さらに、この大学のこの学部で学べる内容が、自分の志望に合っている、というのが三つ目です。

一文だけの段落は避ける

そう考えると、一文目が現在、第二文から第六文が過去、それ以降が未来に当たるので、それをもとに段落に切ればよさそうです。各段落は冒頭で1字分空け、最後の行は途中で空白になっても、行を変えて、次の段落では始めで1字分空けて始めます。ただ、こうすると第一文の後で段落を切れますが、段落は基本的に複数の文で構成しなければならないので、解答では「きっかけ」の指摘までを第一段落とし、第二段落はその説明にしています。

字数の数え方

全体の字数は、マス目が20字×22行なので最後まで埋めれば440字ですが、最後の行が2字分空いているので、その分を引いて440－2＝438字と計算します。それまでの空のマス目は、本文でも説明したように、すべて埋まっているものとして計算します。最後の行だけ空白のマス目を字数に入れないのですね。

小論文とは何だろう?（練習問題）

問題⇩本冊23ページ

解答

1 問題　(例)大飯原発の再稼働をどう評価したらいいか。／大飯原発の再稼働は評価できるか。

意見　(例)とうてい納得できる決定ではない。／こういう解決の仕方は許されない。

根拠　(例)原発で事故が起きたら、被害が大きすぎるから。

2 問題　イ　意見　イ

1 問題・意見・根拠を見分ける

文章を理解するためには、それぞれの内容をきちんと見分けることが重要です。そのためには、それぞれの文の書かれ方・表現に注意する必要があります。

基本的な書かれ方・表現をまとめておきましょう。

問題	「……か?」や「Aは……と言うけれど、Bは～と言う」などの、判断を迷っていることを示す表現が使われます。
意見	「～は……である」「～は……だろう」など、言い切りや判断を表す表現が使われます。
根拠	「なぜなら……からだ」とか「たとえば」「実際」などの理由や例を表す表現が使われます。

複雑な文章で見分ける

この文章は、新聞の社説です。1行目の「関西電力大飯原発……の再稼働が決まった」は「何について書いてあるか?」を明らかにしているところです。この「何について書いてあるか?」の「何」を、ふつう、話題といいます。

次の段落は、まず再稼働決定のやり方を「脱原発依存への道筋を示さないまま……再稼働に踏み切った」と説明し、それから「多くの国民が納得しない」「こんな手法は二度と許されない」と批判しています。原発の存続についてみなが疑問をもっている中で、決定が行われているわけですね。

だから、問題は、社説の中に直接書かれていないけれど「再稼働は評価できるか?」で、意見は「許されない」となることがわかります。

根拠の仕組みはどうなっているか?

第三段落は根拠です。「なぜなら……からだ」がありませんが、それを付ければ「なぜなら、原発に絶対の安全はないからだ」とちゃんと理由の形になります。さらに、その「安全はない」を「事故が起きたときの被害は甚大」と言い換えて説明して、「原発は……ゼロにすべきだ」という結論につなげています。

ここで、一応文章は一区切りです。なぜなら、そのあとに「電力不足……どう取り組むか」という新しい問題が来ているからです。社説は、この問題をめぐって、文章が続いていることが想像できます。

問題……再稼働は評価できるか?
意見……許されない、評価できない
根拠……なぜなら原発に絶対の安全はないから＋事故の被害は甚大
結論……原発はゼロにすべきだ

2 問題の種類を見極める

ちょっと見ると、いろいろな問題がいっぺんに出てきている感じがします。でも、よく見ると、その中でどうにもならない問題と、そうでもない問題がありそうです。

どうにもならない問題は、対処しようがないので解決ができません。それは問題ではなく、前提条件なので動かすことはできません。選択肢**ア**がそういう前提条件です。そもそも「高齢者を介護する」ことは家族にとって大きな負担となるので、家族に介護を任せきりにしない、というのが出発点なのです。

それから一つ問題があると、派生して、また新たな問題が出てきます。そういう場合には、もともとの問題を解決すれば、「新たな問題」は自然に解決します。つまり、「問題」の形はしていても、本当の意味での問題にはなっていないのです。

たとえば、選択肢**ウ**は、介護士の報酬が高くなれば、自然に人が集まってくると予想されるので、根本的な問題ではありません。選択肢**エ**も「やりがい」を強調することでは介護は回らない、つまり解決できない、と書いてあるので、根本の問題ではありません。

とすれば、ここでの、根本の問題は「介護士の報酬は十分か?」であることがわかります。「報酬が少ない」から、人数が足りなくなり、介護士の負担が大きくなって、うまくいかなくなるのです。その根本のところに働きかけると、問題が解決するわけですね。

意見は問題に対応して決まる

こうして、根本的な問題がわかれば、それに対応した解決につながる意見も自然にわかってきます。各選択肢の内容を検討してみましょう。

ア 家族による高齢者介護を義務づける……家族による介護に大変な苦労や困難が伴うことは、問題の前提条件なので、解決になりません。

イ 介護士の報酬を上げる……そうすれば、もちろん、介護士のなり手が多くなるので、「人が集まる」はずです。これが正解です。

ウ 介護施設に必要な介護士の数を増やす……これだけでは、どうやって増やすのか、どうやったら増えるのか、わかりません。それに**イ**が行われたら、自然に人数が増えるでしょう。

エ 介護は重要な仕事だと教育する……自分のことを考えてみましょう。みなさんは教育されたとおりに動きますか? もちろん、動く人もいるでしょうが、だいたいは教えられたようには動けないし、たとえ動けたとしても時間がかかるので、効果的な解決にはならないでしょう。

「介護士の報酬を上げる」とどうなるか、その先のつながりも言葉にしてみるとよい訓練になるはずです。次のようにつながりを考えてみましょう。

介護士の報酬を上げる ➡ 志望する人が増える ➡ 人手不足が解消される

したがって、「介護士の報酬を上げれば志望者が増え、人手不足が解消されるから介護士の負担が減る」と予想できます。

基礎編 第2講

どういう文体で書くのか？（練習問題）

問題⇩本冊31ページ

解答

1

問1 (例)日本は美しい自然が多く、物価の面でも欧米に比べて住みやすいし、料理もおいしい。だから、「最高の国だ」と言う人も出てくるかもしれない。

問2 (例)外国語は毎日5分の練習で習得できると言われる。だが、何事も習熟するには1万時間かかるらしい。ならば外国語の習熟には328年必要になるはずだ。

問3 (例)社会は相手との関係で成り立っているので、個人の想いだけでは動かない。

問4 (例)英語は論理的で日本語は情緒的と言うが、赤ん坊の頃から覚える日本語は感情表現から始め、英語は学校で覚えた。その習得過程が言語に反映されて、英語は論理的で日本語は情緒的と感じるのだろう。

2 ア・イ・ウ・エ・オ・カ

1 問1 「やはり」という接続表現がおかしいですね。「やはり」は、再確認の接続表現です。みなに、心の中ですでに考えていることを思い出させ、「なるほど、そうだったよね」と確認させる役目です。しかし、「自然が美しい」「物価の面でも欧米に比べて住みやすい」「料理もおいしい」というだけで「世界最高」とは、いくら何でも言いすぎでしょう。

これは、もともと自分の中に「日本は世界最高の国だ」という思い込みがあって、それを確認しているわけです。だから「やはり」という言葉が出てくる。しかし、そういう思い込みを、みなが共有しているかどうかはわかりません。ここは「やはり」ではなく、やや控えめに、「そう言う人もいる」、というくらいに止《とど》めておくのが適当でしょうね。

あいまいな言葉は使わない

問2 三つの文が、接続表現なしでだらだらと結び付けられています。これだと、各内容の関係がよくわかりません。

文と文とを結び付けるのは、接続表現の役割です。接続表現によって、前の文とあとの文が、理屈と例の関係なのか、逆接なのか、因果関係なのか、がわかります。自分で、各文の関係がわかるというだけでは不十分です。それが読む人にも、伝わらなければなりません。

ここでは「毎日5分の練習で外国語が上手になる」という内容と「習熟するには1万時間かかる」という文の内容を組み合わせると、「328年かかる」という結果が出てきます。これでは、上達する前に、もう死んでいるでしょう。接続表現を使って因果関係を明らかにし、「1日5分の練習」では、とても足りないということがよくわかる言い方に直しましょう。

文どうしの関係を接続表現で明確にする

問3 よくない点は二つです。まず「社会というもの」という表現。これは、ただ「社会」といっても同じ内容が伝えられるはずです。こういう「〜というもの」表現は、みなよく使うのですが、あまり効果的ではありません。

第二は「〜のではないだろうか」という疑問文です。これは、本当に読者に問いかけているわけではなく、「当然、こうなるはずだ」という意味です。これは、修辞疑問文と呼ばれ、必要以上に遠回しな言い方とされるので、避けたほうがよいでしょう。「当然、こうなるはずだ」と言いたいのなら、**理由**を付けて、絶対にこうなる、ということを明らかにしなければなりません。

問4 キビキビとしたリズムがあるので、一見よい感じがしますが、つなぎの言葉がなさすぎです。第一文は「情緒的」で終わる「体言止め」という手法です。

詩歌（韻文といいます）ではよく使われるのですが、小論文のような文章（散文といいます）では、多用しないほうがよいでしょう。とくに、初歩の場合は、あまりひねった表現をする必要はありません。

小論文ではもう少し、親切に説明したほうが適当でしょう。「日本語は感情表現から始め、英語は学校で覚えた」という第二文の内容を受けて、第三文では、言語の習得過程が違うから、英語は論理的、日本語は情緒的、という感じがするだけだ、と言いたいのです。そのプロセスをなるべくくわしく述べてみましょう。

英語の習得過程……学校で覚える ➡ 理屈が優先する ➡ 論理的というイメージ

日本語の習得過程…赤ん坊のときから覚える ➡（「おなかがすいた」「暑い」などの）感情表現 ➡ 情緒的というイメージ

2 まず、文章Aは全体が「です・ます調」になっているので、「だ・である調」に直しています（**原則**1・ア）。第一文は、とくに修飾が長すぎます。この文には四つのメッセージがあります。

> ① 富士山には、現在大量のゴミがある
> ② そのゴミは登山客が持ち込んだものだ
> ③ そのため、世界文化遺産にはなったが世界自然遺産にはなれなかった
> ④ 残念な結果だ

これを一つの文に詰め込んだので、どこに注目してよいか、読者は混乱してしまうのです。そこで①~③は文を独立させて、一文一内容にしています（**原則**9・カ、**原則**12、**原則**13）。④は感想で、意見文では主たる内容ではないので、「残念ながら」と軽く扱います。「とても」という強調表現もカットします（**原則**4・イ）。ここまでをふまえて書き直した文章Bが次のとおり。

> 現在、富士山には大量のゴミが落ちている。登山客が持ち込んだものだ。そのため、世界文化遺産にはなったものの、残念ながら世界自然遺産として認められなかったという。

「私は思う」や修辞疑問文をカット

第二文では、「私は……思う」とよけいな表現が入っています（**原則**10・ウ）。第三文は「のではないでしょうか?」と疑問文になっているので、これもなるべく言い切りの形にします（**原則**3・オ）。第四文も、疑問表現なので、これもカットします。そうすると、文末のモタモタした感じがスッキリするはずです（**原則**3）。

段落を切ってまとまりをつける

問題では段落分けをしていませんが、第二文の前では段落を切ったほうがよいでしょう。これについては、基礎編第4講でくわしく説明しますが、段落分けの原則は、内容が変わったときに切るのです。第一文は「今までどうだったか?」を述べていますが、第二文以降は「これからどうするか?」について書いてあります。

> これをきれいにするには、ボランティアをつのって掃除をするのがよいだろう。なぜなら、日本には富士山好きな人が多いので、インターネットで呼びかければ、相当な人数が集まると予想されるからだ。みなでいっせいにとりかかれば、清掃にはそれほど時間はかからない。

最後では「また」を使わない

まとまりという点で言えば、最後の文の頭にある「また」も問題です。「また」は添加、つまり付け加えの接続表現と言われます。接続表現については、入門編でもくわしく説明していますが、添加は、今までとは違った何か新しい内容が出てくる、という徴《しるし》になります。

でも、最後は結論になるところなので、そこに「また」が出てきて新しい内容になると、まとまりがつかなくなります。結論部は、今まで述べたことから予想される内容でなくてはなりません。ここでは「とくに」を使って、前に述べた内容に補足する形にすればよいでしょう（**原則6・エ**）。

> とくに、ボランティアが活動する期間は、ほかの者は登山できないよう規制すれば、早くゴミがなくなるはずだ。

全体では、次のようになります。

> 現在、富士山には大量のゴミが落ちている。登山客が持ち込んだものだ。そのため、世界文化遺産にはなったものの、残念ながら世界自然遺産として認められなかったという。**問題**
>
> これをきれいにするには、ボランティアをつのって掃除をするのがよいだろう。**意見** なぜなら、日本には富士山好きな人が多いので、インターネットで呼びかければ、相当な人数が集まると予想されるからだ。**理由** みなでいっせいにとりかかれば、清掃にはそれほど時間はかからない。とくに、ボランティアが活動する期間は、ほかの者は登山できないよう規制すれば、早くゴミがなくなるはずだ。**説明**

構成を見直す

ここで、この文章の構成を確認してみましょう。まず、第一段落では「世界文化遺産にはなったものの、残念ながら世界自然遺産として認められなかった」という形で、問題が示されています。「……ものの」という逆接表現が、それを強調していますね。

第二段落では、その問題を解決するためのアイディア（意見）「ボランティアをつのって掃除する」を述べています。続けて「なぜなら……からだ」という表現を使って、理由が書かれています。

その先は補足的な説明です。「みなでいっせいにとりかかれば」と多人数で集中してやるので、早くできることを言って、さらに早く終わらせるために「ほかの者は登山できないよう規制」するという案も提示しています。

問題に対して、はっきりした意見を示し、それを根拠で「なるほど！」と納得させるような仕組みにしています。基礎編第1講でも書いたような基本的な仕組みが、ここにも出てきています。

読者にストレスを与えない

問題 ＋ 意見 ＋ 根拠（理由・説明）

文章を直すときの原則は「読者にストレスを与えない」ということに尽きます。読んでいる人が「あれ、これどういう意味なの？」と迷わないように文章を作っていくわけです。そのためには「芋づる式」になるようにします。「芋づる式」とは、一つの事柄が出てきたら、そこから自然に、あるいは自動的に、次の事柄がズルズルと出てくる、というあり方です。

たとえば、「富士山のゴミが多い」という問題が出てきたら、読者は「そのゴミをどうするんだろう？」と疑問を抱くと考えられます。その疑問に答えるように「ボランティアで掃除する」という案を出します。

すると、読者は「ボランティアってどうやるの？」とまた疑問をもつ。だから「富士山好きな人が多い」とか「インターネットで呼びかけよう」などと、やり方を示す。読者は、さらに「どんなやり方なのか、もっとくわしく知りたいな」と感じるでしょう。そこで、「みんなでいっせいにする」とか「その間は登山規制する」と、さらなるアイディアを出すわけです。その様子を会話形式で書くと次のようになるでしょう。

あなた：富士山にゴミが多いのは問題です。
読み手：そのゴミをどうしたらいいと思うの？
あなた：ボランティアで掃除するといい。
読み手：ボランティアってどうやるわけ？
あなた：富士山好きな人が多いから、インターネットで呼びかけて、掃除する人をつのるとよいのでは？
読み手：具体的には、どんなやり方が可能なのかな？
あなた：みんなでいっせいに掃除して、その間は登山規制するといいと思うよ。

小論文を書くときは、こんな風な対話を心の中で思い浮かべながら書くと、書きやすくなるはずです。

読者と対話する姿勢

こんな風に、小論文では、書き手と読み手がなめらかに対話するように書いていくとわかりやすいのです。読み手はいろいろ読んでいるうちに疑問をもつ。その疑問に対して、答えるように書いていくわけです。

だから、小論文は「自己表現」ではありません。「自己表現」とは、自分の中にある何かの感じや気持ちを外に表して他人に伝えることです。だから作文では、その感じや気持ちがそのまま生き生きと言葉になっていることが重要です。たとえば、「正直な自分の感覚が出ている」とか「子どもらしい感じが表されている」というような点が高く評価されます。それに対して、小論文では、表現の上手下手より、自分の書いた一文一文に読者がどういう反応をするかを予想して、それと会話するような感じで書いていくことが重要です。

読者と対話するように書いていく

つなぎをはっきりさせる

そのためにも、接続表現はなるべく付けましょう。接続表現は次に来る内容を予想させるからです。

接続表現を付けなくてよいのは、前の文の内容からあとの文の内容が当然に出てくるときに限ります。これを論理的接続といいます。そのときも「つまり」とか「すなわち」などという接続表現を付けることができます。それ以外のときは、基本的に接続の言葉を入れなくてはなりません。例示だったら「たとえば」、結論だったら「このように」、逆接だったら「しかし」「だが」などです。

逆に、使わないほうがよいのは「そして」です。文頭の「そして」は、内容があいまいになりやすいので小論文では不要です。むしろ「そして」を書きたくなったら、だいたい、そこで文章がちゃんとつながらなくなっている、と考えて間違いありません。

適切な接続表現（つなぎ言葉）で文をつなぐ

「そして」を多用した文章は、たいてい内容があいまいになります。論理的に書こうとするなら、「そして」は追放しましょう。接続表現については、入門編第2講でくわしく説明しています。

問題と意見の組み立て方（練習問題）

問題⇨本冊44ページ

解答

問1 (1)(例)日本は「学歴社会」だと言われるのに、大学での専攻や成績は重視されない。
(2)イ
(3)(例)大学の専攻や成績が重視されないのに、本当に、日本は「学歴社会」と言えるのだろうか。

問2 ウ

問3 イ

問1 本冊で述べたように、問題は疑問・対立・矛盾のどれかの形になります。ここでは、第一段落の1行目に「しかし」という逆接が出てきます。「しかし」は、前に書いたことから、直接予想できない内容が出てくるときに使います。ここでも「学歴」の中には、そもそも、大学でどんな学問を修めたのか、どのくらい優秀な成績だったたか、が含まれるはずです。

だから、大学の専攻や成績が重視されないとしたら、「学歴社会」という言葉から、自然に予想できる範囲を超えています。入学のときの大学の偏差値しか重視されないのなら、大学で受ける授業内容は「学歴」の中に入っていないことになります。これは明らかに「矛盾」ですよね。こんな風に、問題が「矛盾」の形で提示されるときには、「しかし」「だが」などの逆接の接続表現がよく使われます。

問題のありかは、逆接の接続表現で表される

当然のことですが、矛盾は「～のはずなのに、……にならない」という形をとります。予想と反した結果が出てくるわけですね。

問2 この文章の主題は日本社会ですが、その内容をくっきりと印象づけるために、わざわざアメリカ社会と対比しています。実は、アメリカもすさまじい「学歴社会」なのですが、日本とは、まったくそのあり方が異なります。

アメリカでは「ディグリー(degree)」という言葉をよく使います。日本なら、大学を卒業すると「学士（バチェラー）」、大学院を修了すると「修士（マスター）」「博士（ドクター）」などという学位を得ることができるのですが、その学位のことを「ディグリー(degree)」というのです。

アメリカでは、どの学位を持っているかで、年収も異なります。いったん仕事に就いていても、学校に通って上の学位をとれば「年収が2万ドルアップ」などと約束されることもあります。反対に、学位をとらないと、いくら長年勤めても給料が上がりません。だから「お前は何のディグリーを持っているんだ?」と聞かれることがしばしばあります。

対比すると特徴が明確になる

たとえ、日本で東大を卒業していても、大学院に行っていないと学位は「バチェラー」です。国連などの国際機関などで「私は東大卒だ」と言っても、「何、お前バチェラーしか持っていないの？ それで、よくこの仕事やっていられるな?」と呆《あき》れられるのがオチでしょう。これがアメリカの「学歴社会」の実情です。だから、みな必死になって、大人になっても夜間大学院などに行って、修士や博士をとろうとする。

これと比べると、日本の「学歴社会」は全然違います。アメリカを基準とすると、どこの大学出身かは重視されますが、その上の大学院に行くメリットはあまり感じられないし、上の学位をとっても、給料が大幅に上がるわけでもない。だから、あえて頑張って上の学位をとろうともしない。

そういえば、数年前でしたが、私の母校の出身学科で、学部の学生が一人も大学院に進学しなかったことがありました。上の学位をとらなくても、比較的

いいところに就職できるので、大学院進学をしないのです。これはアメリカでは考えられないことです。アメリカの基準で言えば、日本はむしろ「低学歴社会」と言われるかもしれません。このように、対比すると、ものごとがはっきりすることを覚えておいてください。

対比はものごとを明確にし、問題のありかを印象づける

問3 この文章は「日本は『学歴社会』だと言われている。しかし……」と書き出されています。「……と言われている。しかし……」とあるので、世間で一般に言われていることと反対に、「日本は『学歴社会』ではない」ということが言われていることがわかると思います。

このように、論理的な文章では、常識に反対して、自分の意見を述べる、という形がよく見られます。これは小論文でも同じです。自分の意見は独自性をもたなければならないので、こういう書き方がよく見られるのです。

小論文では「常識に反して自分の意見を述べる」という形がよく見られる

この観点から、選択肢を吟味してみましょう。

ア「『学歴』をもつ者が軽蔑される」が言いすぎです。なぜなら、「『学歴社会』ではない」だけなら「『学歴に関心がない』」も含むはずだからです。実際、日本では大学院以降の学歴には関心がない、でも大学院に行ったからといって、「軽蔑される」わけではありません。

イ「学歴を重視していない」は「学歴に関心がない」とほぼ同じでしょう。これが正解ですね。

ウ「グローバル基準に合わせる」が課題文には書かれていないよけいな内容です。よけいな内容を含む選択肢は、すべて間違いになるという原則を覚えておきましょう。

エは「大学院はどうあるべきか」についての提案であり、「『学歴社会』ではない」に対応する内容になっていません。

オ これだと、日本はアメリカを模範として、そのやり方を取り入れなければならない、という提案になります。しかし、それに対応する内容は課題文にはなく、日本社会とアメリカ社会の違いを述べているだけなので、言いすぎになるでしょう。

段落の作り方（練習問題）

問題⇩本冊54ページ

解答

1 問1 (例)私は野球を続けることで、仲間との団結とビジョンをもって頑張るという精神力を学んだ。

問2 第二段落：とくに、高　第三段落：厳しい練習　第四段落：私たちのチ　第五段落：私は控え投

2 問1 第一段落：行しているのだ。　第二段落：する必要がある。

問2 (例)情報化に伴って、情報格差が進行している。高齢者に対しては、地方自治体が情報化への環境作りをするのが有効だろう。（55字）

1 「志望理由書」は、自分が大学に入って何をしたいか、を書く文書です。しかし、「自己評価書」は、自分がどういう人間で、どんな美点があるのか、を知らせる役目をもちます。ですから、一番大切な内容は「私は、こういう人間です」と書いてあるところです。

文章の目的から判断する

問1 つまり、最初の二文が最も大切な内容を表すポイント・センテンスです。「私は小学校以来12年間、一貫して野球を続けて……学んだのは仲間との団結とビジョンをもって頑張るという精神力でした」という内容を「私は……人間です」という形式に書き直してみると「私は、仲間と団結しつつ、ビジョンをもって頑張るという精神力をもつ人間である」となります。

さまざまな個性をもつ他人と一緒になって頑張れるという資質は、それだけで美点でしょう。一方、「ビジョン」とは、これから先の見通し、つまり目的意識です。上から言われたことしかやらない人と比べて、自分自身が「これをやらなきゃ」と思って頑張れるのも、なかなか得がたい性質です。

それに比べれば「小学校以来12年間」とか「野球を続けて」などは、それほど大切な内容ではなく、「団結心」と「目的意識」の方が主たる内容です。続けた時間やスポーツの種類は「団結心」などを得る手段にすぎません。

説明・例示と主たる内容を読み分ける

問2 それに対して、3行目の「とくに……」以降は、そのような「団結心」と「目的意識」が、どんな体験から出てきたか、という説明・例示になっています。主たる内容ではないので別の段落にしましょう。「走り込みや筋力トレーニング」「冬も川沿いの道を何キロも往復」は、読む者に具体的なイメージを与えますが、これも、「団結心」と「目的意識」が養われるための「訓練」なので補助的な内容でしょう。

例示は強いイメージを与えるが、補助的な内容にすぎない

ただ、説明・例示なら、すべてまとめていいわけではありません。なぜなら、具体的体験は、ある時間の長さをもったり空間や行動に違いが出てきたりするので時間・空間・行動などが大きく変わるときに段落を変えてよいからです。

具体的体験は時間・空間・行動で切る

6行目「厳しい練習の中でも……」から始まる部分は、もう身体の話ではなく、「私」の心の描写です。たとえば「無心になる」とか「緊張がほぐれ」る、は、「私」が、野球をとおして学んだ経験でしょう。一方、11行目の「私たちのチームは……」以降は、時間・空間が変わって、それまでの練習ではなく、実際の試合の様子になり、練習の「結果」が、試合で出てきたわけです。だから、11行目の「私たちの……」から新しい段落にしてよいでしょう。

自分の何をアピールするかで切り方を決める

ただ、これは「チームとしての結果」です。「自己評価書」は、あくまで自分個人のアピールです。チームがよい成績でも自分が貢献していなければ、自己アピールにはなりません。文章を読む限り「私」は「控え」だったので、直接貢献したとは言えません。大学入学の目的は野球ではないので、選手としての活躍を強調する必要はありません。むしろ最初に書いた「団結心」「目的意識」などの内容が大事でしょう。「仲間との団結心があったから、……結果を出すことができた」で全体を終わらせ、最後はあえて「一文一段落」にしてあります。

アピールする目的に戻って、中心となる内容を決める

2 ポイント・センテンスは冒頭とは限らない

問1 第一段落は、通常と違って、ポイントとなる内容が最後に来ています。つまり「情報化に伴い、人々の間で格差が進行している」が一番大切な内容で、それまでは、たとえば、「私の祖父母も」など、例を出して、その具体的な状況やあり方が説明される形になっています。この具体例による説明というあり方は、第二段落も同じで、「たとえば」のあとから、高齢者に対する支援について具体的な村の名前まで出して説明しています。ただ、第二段落は、通常のように、段落の冒頭で大切な内容が書かれる形になっています。

このように「ポイント・ファースト」という原則は、しばしば現実の文章では破られます。しかし、私たちが小論文を書くときには、なるべく守ったほうがよい、というルールなのです。

段落相互の関係を見る

第二段落は「とくに」で始まっているので、書き手が強調したいことを表しています。このように、段落どうしの関係は、時間・空間・行動だけでなく、どのような接続表現でつながれているか、に注目して理解します。

とくに、論理的文章の場合は、登場人物もストーリーもないので、時間・空間・行動に頼って段落を切るわけにはいかないのです。論理とは、基本的に言い換えでできており、あとの文は前の文の内容を違った形で書き直しています。論理的文章では、前の文の内容とあとの文の内容は、とくに断り書きがない限り、同じというのが原則なのです。

論理的文章では、前の文とあとの文の内容は原則同じである

接続表現に注目して全体を考える

逆に言えば、何か、大きな内容の違いが出てくる場合には、そこに「前の文と、この文は、こういう関係になっていますよ」ということを示すために、接続表現が使われます。この文章の「とくに」も、前の段落で書いてあったことを強調して、「ここが、その中でも大事なところなんだよ！」と、それだけを取り分けて読者の注意を引く、という意味があります。

接続表現 ＝ 前後の内容の違いに注目させる

接続表現が、「なぜなら」ならば、理由が書かれ、「そこで」ならば、前から発展した内容、「たとえば」だったら、具体例が述べられます。こういう風に、それぞれの接続表現にはそれぞれ意味があって、前の文とあとの文が、どんな内容で、どんなつながりになっているか、を表します（入門編第2講「文章の整え方」参照）。とくに、段落冒頭で使われる接続表現は前の段落とこの段落の関係がどうなっているか、を明らかにするので気をつけねばなりません。ここでは「格差の進行」という問題に対して、「地方自治体が介入して格差の解消に取り組む」という解決につながる意見を述べている流れでしょう。

問2 この問題と意見とをまとめることで、課題文の大切な内容を簡潔に述べた要約を書くことができます。

課題文を要約する（練習問題）

問題⇩本冊63ページ

解答

問1 話題 (例)コミュニケーション

問題 (例)他者とのコミュニケーションにはどんな働きがあるか。

問2 (例)他者とのコミュニケーションには、お互いを同質化する同化作用と、お互いの個性を際だたせる個性化作用の両面がある。（55字）

問3 (例)コミュニケーションは、どういうときに同化作用として働き、どういうときに個性化作用として働くのか。

問1 要約を作るには、まず話題を探しましょう。話題となる単語は、4回出てくる「コミュニケーション」でしょう。ここでは、ほかの人との「交際」「友人関係」というほどの意味でしょう。

第一・二段落にわたって「他者とのコミュニケーションには、……がある。一方、〜もある」という形で書かれているので、他者とのコミュニケーションには、二つの対立した「契機」（きっかけ、要素の意味）つまり、働きがあることがわかります。まず、一つ目の働きとして、第一段落で「お互いを同質化する契機」について説明し、これを「同化作用」としています。一方、第二段落では「お互いの個性を際だたせる効果」について説明し、そのあと第三段落で、これを「個性化作用」としています。

ですから、他者とのコミュニケーションには「同化作用」と「個性化作用」という二つの対立する働きがある、というのが意見と考えられます。そこから遡って、問題は「他者とのコミュニケーションには、どんな働きがあるのか?」となりそうです。

問題と意見を並べる

問2 要約を作るには、問題と意見を並べればいいのですが、重複する単語があるので、それを整理すればより簡単な形になります。さらに、「同化作用」と「個性化作用」という言葉に、少し内容説明を付け加えると、よりわかりやすくなるでしょう。

問題：他者とのコミュニケーションにはどんな働きがあるのか?

＋

意見：同化作用と個性化作用の両面がある

⬅

他者とのコミュニケーションには、同化と個性化の両面の働きがある

⬅

要約：他者とのコミュニケーションには、お互いを同質化する同化と、お互いの個性を際だたせる個性化の両面の作用がある

このように、要約をするときには、元の文をただ並べるだけでなく、なるべくわかりやすくなるように工夫する必要があります。でも、わかりやすく簡単にする前に、まずは、どこに重要な文があるのか、探さなければなりません。

要約ではどこをカットするか?

この問題と意見は要約では絶対に必要な要素なのですが、理由・説明・例示などの根拠の部分は、要約では、ほぼ省略したりカットしたりして構いません。ですから、第一段落でも、「とりわけ」以降のティーンエージャーの例示はすべてカットしてあります。6行目の「同化作用は、コミュニケーションの中に……必ずある」も入れてありません。とくに「程度の差こそあれ」は、「程度の差があっても」結果は変わらない、ということを意味しているので、このよう

な表現を含んで説明されている部分は、要約に入れるべきではありません。

要約で、例示をカットするのは、第二段落でも同じです。だから、モーツァルトとウィーンのエピソードは、まったく入っていませんね。また、その前の「逆説的にも思われるが……」も「程度の差こそあれ」と同様に結果に影響を与えないのでカットします。「他者との濃密な関係性を持つことが、個性を際だたせるために必要なダイナミクスを提供する」も、「ダイナミクス」などという難しい単語が入っていますが、第二段落冒頭の「個性を際だたせる」のたんなるくり返しなので、これも要約に入れるべきではありません。

例示は基本的にカットする。内容重複も避ける

つまり、要約を作るには、まず話題を探し、それを問題の形に整理し、その解決となる意見を探す。この問題＋意見が要約の内容であり、あとは、それらを結び合わせて、内容重複などがないように表現を整理する、という順番になります。

【要約の手順】

① 話題となる言葉を文中から探す
② 話題となる言葉を含む問題の形に整理する
③ 問題に対応する解決となる意見を探す
④ 問題と意見をつなぎ合わせる
⑤ 重複などがないように表現を整理する

どういう根拠を主にカットするか？

要約の字数制限が厳しいときは、すべての根拠をカットして構いません。ただし、ある程度余裕があるときなら、理由・説明などは残す場合もあります。ここでも、同化作用・個性化作用の中身がどういうものかについての説明を残してあります。

逆に、例示や、引用・比較・比喩などは問答無用でカットしてしまいます。引用は、ほかの人の書いた文章を引き合いに出すこと、比較は「Aは……だが、Bは～である」と反対のものや似たようなものを並べること、比喩は「ちょうど……のように」と類似したもので説明することですね。

これらは、いずれも具体的なイメージやデータを出して、読者の理解を助けるための補助的な部分なので、主たる内容ではありません。だから、要約を書くときには、積極的に排除しなければなりません。たとえば、実験のまとめなどで「どのような手順で実験したのか？」という具体的記述が求められるなどの特殊な場合を除いては、これらは常にカットすべきです。

要約では、例示・引用・比較・比喩などをカットする

要約では、不要なところをカットする

ある意味では、要約作りとは、大事な内容以外の不要なところをできるだけカットしていく作業だとも言えます。だから、どこが必要で、どこが不要なのか、的確に判断していかなければなりません。そのためには、今自分が読んでいるところが問題なのか、例示なのか、それとも引用なのか、意識しながら読んでいく必要があります。

未解決の問題は自分の問題になる

問3 なお、この文章では、ラストのところに新しい問題が提示してあります。これについては、この文章のどこにも解決となる意見が示されていません。言わば「発展的な問題」なのですね。小論文を書くときは、こういう風に未解決の問題に注目して、それに対する自分の考えを書くこともよく行われるので、注意しましょう。

理由と説明の書き方（練習問題）

問題⇩本冊72ページ

解答

問1　①(例)先進国は経済力があるから、スポーツ施設の設備が充実しているのに、発展途上国は経済力がないから設備の整った施設が作れない。
②(例)競技でも勝てなくなる。そっちのほうがアンフェアじゃないか。

問2　③(例)ドーピングなら薬を飲むだけだから、お金のかかる施設をたくさん作らずとも、先進国の選手と対抗できるからだ。

問3　④ア　⑤ア

問4　⑥(例)むしろ薬品開発の競争になるだろう。身体能力や運動能力よりも、薬品のほうが重要な役割を担うのだ。

問5　⑦(例)スポーツ施設の状況は、各国の経済力で決まる
⑧(例)先進国と発展途上国の差が大きい
⑨(例)むしろ、ドーピングのほうが施設よりお金がかからないのでフェア

Bの理屈の方針

Bの主張は、Aの「ドーピングはアンフェアだ」に対する反論になっています。しかし、「ドーピングはフェアだ」と主張しているわけではありません。むしろ、「ドーピングはアンフェアだ」と認めていて、「アンフェアでどこが悪い？」と居直っているような主張になっています。

つまり「スポーツは、多かれ少なかれアンフェアなんだから、ドーピングだけ非難するのはおかしい」と主張しているわけです。もし、スポーツ全体がアンフェアな活動ならば、ドーピングも特別ではないので、規制する必要はなくなるわけです。

説明と例示を見比べる

問1　空欄①・②は、「スポーツ施設だってアンフェアだよ」という内容の言い換え、つまり、説明になっています。しかも、空欄①・②のあとを見ると、「アメリカ」とか「アフリカ」とか「プール」とか、具体的な名詞が出ているので、例示になっているとわかります。例示とその前の理由・説明は、基本的には同じような内容が書いてあるので、これをヒントにして、空欄①・②の内容を考えることができます。

「金次第で、勝敗は左右される」と例示の最後に書いてあるので、これが「アンフェア」の内容だとわかります。たしかに、スポーツの勝敗をお金が決定するのでは、スポーツの競争ではなく、経済力の競争になってしまうでしょう。

この例示の内容を多少抽象化・一般化して書けば、空欄①・②に入る説明の文章になるでしょう。「アメリカ」を先進国、「アフリカ」を発展途上国として、「プール」をスポーツ施設などとしてみましょう。「金次第」も、やや下品（！）な表現ですので、もう少し上品に言い換えましょう。最後に、「アンフェア」を強調しましょう。すると解答のようになるでしょう。

さらに理屈を進める

問2　そのあとのBの「なぜなら」以降は、「スポーツ施設より、ドーピングのほうがずっとまし」だと、さらにずっと積極的にドーピングを擁護しています。その理由は「お金による不公平を少なくする」からです。なぜ、ドーピングのほうが「お金による不公平」を緩和するのか？

あとを見ると、「少しのお金で、発展途上国の人間にチャンスが出てくるなら、むしろいいことじゃないか」とあります。「いいこと」と言われているのは、もちろんドーピングのこと。したがって、「少しのお金」もドーピングにかかるお金を指します。

考えてみれば、ドーピングは薬を摂取することです。いかに、薬が高いとは

いっても、プール一つ作るよりはずっと安いはずです。とすれば、発展途上国でも可能になる。貧富の格差が縮まるのだから、「お金による不公平」は少なくなるはずです。したがって、解答のように書けそうです。

問3 Aは「君があげた、どの理由も説得力があるとは思えない」と言っています。「どの理由も」とあるので、Aが反論したいBの理由は複数あることがわかります。Aの反論の理由の一つは、空欄のあとの「アフリカ人は走る能力がすぐれ、アメリカ人は泳ぐ能力が高いだけ」がヒントになるでしょう。要するにア「陸上の能力と水泳の能力は同じではない」と言っているのです。

第二のAの反論の理由は、空欄のあとが「ジャマイカ」の例になっていることを手がかりにします。例示のあとは、だいたい、その抽象化した内容が書いてあるので、あとを見ると「施設や資金の差は、勝つためには間接的な要素にすぎない」とあります。それをなるべく簡単にしたア「金や設備があるから勝てるとは限らないからだ」が適切です。

問4 さらに、空欄⑥は、ドーピングに対する積極的な批判です。ここは、空欄の前がヒントになります。「もし、薬で身体を改造して強くなっても……薬の働きだ」とあります。直後に「とすれば」とあるので、「スポーツ競技は身体の動きや能力の競争というより」以下は、前に書いてあることのくり返しだとわかります。比較の形式で書いてあるので、もう一度「薬の働きだ」に近い表現を入れて、念を押せばよいのです。

問5 これは、例題3の解説で使ったフローチャートに慣れてもらうための問題です。フローチャートは、論理の流れを整理するときにとても役に立つので、ぜひ、自分でも書けるようにしてください。

スポーツの中でアンフェアな要素はほかにもたくさんある

⬇

スポーツ施設の状況は、各国の経済力で決まる

⬇

先進国と発展途上国の差が大きい

⬇

ドーピングだけ排斥するのはおかしい

⬇

むしろ、ドーピングのほうが施設よりお金がかからないのでフェア

先にも述べたように、Bの理屈は「居直り」です。「ほかにもアンフェアなものはたくさんあるのに、なんでドーピングにだけイチャモンを付けるんだよ！」という内容です。ちょっと柄が悪い感じがしますね。でも、こういう反論の仕方は、世の中ではしばしば行われます。

その典型的な例である「スポーツ施設」を例に引いて、どれだけ「不公平」か「アンフェア」か、いささか誇張して述べます。「スポーツ施設」の不公平を強調できれば、それと比較してドーピングの罪を小さく見せられます。こうすれば「むしろ、ドーピングのほうがフェアだ」などといういささかトンデモな主張にもつなげられるのです。ちょっと詭弁《きべん》（誤った論理を意図的に用いて一見正しいように見せかけること）の感じがする意見ですが、こういう主張の仕方にも慣れていって欲しいと思います。世の中には、こんな言い方があふれているので、惑わされないように気をつけなければなりません。

具体例の示し方（練習問題）

問題⇩本冊80ページ

解答

問1 (1)①です・ます
(2)②(例)動物園を新設すること
(3)③(例)動物と触れ合う機会を与えれば、命の大切さを実感したり、自然保護を意識したりするよい機会になるでしょう。
④(例)ストレスと情報に追われる現代では、生きる実感を得ることは困難です。しかし、生き物に触れれば、その実感を取り戻すこともできます。実際、高齢者がペットと触れる経験をすると元気になると言われ、病院などでもアニマル・セラピーが行われています。

問2 ⑤(例)市の近隣にはこのような施設は一つもなく、もし作れば近隣の方々も見に来るので、新しい観光スポットになるはずです。その経済効果を考えれば、費用は十分補われるでしょう。

市民に語りかける文体

問1 (1)ふつうの小論文とは違うので、まず文体から選ぶ必要があります。小論文は簡潔さを重んじるので、だいたい「だ・である調」で書けばよいのですが、市の職員が市民に語りかける文章ならば、「だ・である調」だと、失礼だと感じる人もいるかもしれませんね。実際、行政職の職員は、英語で public servant といいます。文字通りに訳すと「公的奉仕者」。語義はさておき、命令的・権威的に受け止められそうな表現は用いず、市民の目線に立って語りかける文体が、全国の市区町村でも意識されているようです。そんなわけで、「です・ます調」を選んだほうがよいのは当然でしょう。

ポイント・ファーストで書く

問1 (2)丁寧に書けば、時候の挨拶なども必要になるかもしれませんが、ここはそれを省略せよ、という指示になっています。とすれば、一番言いたい用件を先に書くべきでしょう。これは、基礎編第4講で説明した「ポイント・ファースト」の原則です。

市立動物園を作りたい、というのが、主なメッセージですから、それを伝えるような一文を、文章の冒頭に置きます。でも、まだ本決まりではなく、市民の賛成を得たい、という段階ですから、

市では動物園を新設することを考えています。

などと、予定段階であることを示したほうがよいでしょうね。ここが、小論文なら意見に当たる部分です。

語りかけの順序

問1 (3)そのあとは、この「市では動物園を新設することを考えています」というメッセージに対して、市民から出てくるであろう反応を先取りして書いていきます。まず「なぜ、今動物園を作るの?」という疑問が出てくるでしょう。それに対して、「なぜなら……からだ」で代表されるような**理由**を書く必要があります。

ただし、空欄③・④の前の文は、どちらも「なぜなら……」の形になっていません。実は、**理由**を書くときには、あまり「なぜなら……」の形を使ってはいけない、という意見も根強いのです。たしかに、ちょっと堅苦しくなる感じが強いので、小論文ならよいのですが、市の広報文書などでは、避けたほうがよいかもしれません。

理由に対応して例をあげる

理由は、二つに分けて書かれています。一つは「子どもの教育」、もう一つは「大人にとっての心の安らぎ」です。あとは、どのように教育として役立つのか、どんな心の安らぎになるのか、なるべく具体的に書くとよいでしょう。

③最初の空欄は、子どもの教育に役立つというので、動物を見たり、動物と触れ合ったりすることが、何かよいことにつながる、というイメージを書きましょう。園長の手記にあった「自然保護」という言葉を利用すると簡単でしょうね。動物は生き物ですので、「生命」や「いのちの大切さ」などという観点でもよいでしょう。また、都会の子どもたちに、自然を体験させることができるなどという内容でもよいでしょう。

④一方、大人に役立つ理由は「心の安らぎ」と書いてあります。多くの大人には自然界の動物と触れ合う時間などありません。触れ合っても、せいぜい犬や猫などのペットぐらいでしょう。でも、ペットが人間にとっては「心の安らぎ」、生きる支えになることがあります。とくに高齢者は、飼っている犬が餌を食べると、自分も食欲が出る、というように、生き物と触れ合うと元気になる、という効果があるようです。

だから、病院では「アニマル・セラピー」などという手法も行われています。動物園は病院ではありませんが、高齢化が進む現代の社会を考えると、動物に触れて元気になる、という効果は説得力がありそうです。

よって、ここでは高齢者の例にフォーカスして解答のように書けば、その意図が伝えられそうですね。具体的なイメージを伝えれば、市民も「なるほど、動物園を作るのもいいかもしれない」と感じるようになるでしょう。「アニマル・セラピー」は実際に行われているものなので、こういう例をあげれば、述べていることが机上の空論ではなく、実現可能なのだ、と読み手に伝わるでしょう。

さまざまな意見を予測する

問2 ただし、世の中の人はいろいろです。「いくら社会的・心理的に効果があっても、お金がかかるんじゃないの？ そんな余裕が市にあるの？」などと心配する人も少なくないかもしれません。そういう人のために、「それほど費用はかからないですよ」と安心させることも必要でしょう。

こういう場合、譲歩の構文という形が便利です。「たしかに……しかし……」という形です。これは、相手の思っていることを先取りして触れて、「あなたの考えていることもわかっていますよ」となだめるやり方です。「でも、その心配には及びません。こういう解決法があるのですから」と結ぶのです。

ここでしたら、「ほかに競合する施設がないので、動物園を作ったらお客さんがいっぱい来ますよ」と具体的に指摘しましょうか。そうすれば、最初に費用がかかっても、あとで費用以上の利益が出るので、十分引き合うでしょう。

どうでしょう？ はたして、これで市民から賛成を得られるでしょうか？ もちろん解答は一つではないので、みなさんもいろいろ工夫して書いてみましょう。

データを読んで理解する（練習問題）

問題⇩本冊90ページ

解答例

問1 A　１９８０年から96年まで糖尿病患者数は増加したが、96年以降は横ばいになった。　B　自動車保有台数は増加している。

C　米の消費量は減少している。　D　男性肥満患者数は増加している。

問2 ①摂取脂肪量が増えた　②運動量が減った　③肥満患者数が増えた

問3 日本の米の消費量は、１９８０年代から減少している（グラフC）。一方、日本における自動車保有台数は増加傾向にある（グラフB）。これは日本が富裕になって世帯年収が増加し、自家用車を持てるようになり、食生活も洋風化したことを意味するだろう。

しかし、この傾向が、他方で、糖尿病患者数（グラフA）と男性肥満患者数（グラフD）の増加をも引き起こしたと思われる。つまり、食生活が洋風化し、高カロリーで多くの糖や動物性たんぱく、脂肪を含む食品を摂取する一方、自動車の普及で運動不足の傾向も進み、男性肥満患者数が増えた。その結果、糖尿病患者数も増えたのである。（２７０字）

問4 (1)④豊かさの弊害が理解された

⑤生活習慣病の対策が立てられるようになった

(2)　１９９６年以降は、糖尿病患者数は横ばいになっている。これは、食生活の洋風化と運動不足の弊害がしだいに認知されたためかもしれない。当初、食生活の変化は体格向上などを引き起こして歓迎されたが、しだいにその弊害も理解され、対策も立てられたと思われる。実際、１９９９年からは自動車保有台数の増加もわずかに鈍っているのが見てとれる。運動の必要性が認知されたからかもしれない。

（１８２字）

この問題は、グラフ・データ型問題の解き方の手順に従うと同時に、設問の指示に忠実に従うことで書くことができます。最近の小論文の傾向は、かつてのように「自由に書け」という指示は少なくなり、「このように書いて欲しい」というメッセージが含まれていることが多いようです。この練習問題では、それをやや強調して、考え方の見取り図を最初に描いて、実際の文章につながるようにしています。

グラフの傾向を読む

問1 まず、折れ線グラフですので、時間に伴った変化に注目することになります。どれも、１９８０年から２００５年までの変化を扱っています。それぞれを文章化してみましょう。

A　日本における糖尿病の推計患者数の年次推移

１９８０年から96年まで増加していき、96年以降は増加が止まって、横ばい状態になっています。つまり、96年まで糖尿病患者の数は増えたのですが、それ以降は増加が止まったということです。

B　日本における自動車保有台数の年次推移

これは簡単です。１９８０年から２００５年まで、ずっと増えています。ただ、よく見ると、１９９９年から、その増加率が緩やかになったようにも見えます。

C　日本における米の消費量の年次推移

これは逆で、１９８０年から２００５年まで、ずっと減っています。

D　日本における男性肥満患者（BMI≧25）の実数の年次推移

これもBと同じで、１９８０年から２００５年まで、ずっと増えています。ただし、80年から85年までの増え方はやや緩やかなように見えます。

傾向の背景・原因を考える

問2 まず、これら四つの傾向が、どう関わっているか、を考えてみましょう。肥満患者数が増えると糖尿病の患者数は増えるでしょう。肥満の原因は、運動不足と高脂肪食などによるエネルギーの過剰摂取だと言われています。自動車に乗ってばかりだと運動不足になるだろうし、米の消費量が減るということは「食の洋風化」が進み、肉やチーズなど、高たんぱく・高脂肪食になることにつながると考えられます。１９８０年代は豊かな時代だったので、家計も豊かだったでしょう。つまり、次のフローチャートのような関係が成り立つでしょう。

家計が豊かになった
→ 食生活の洋風化が起こった → 摂取脂肪量が増えた → 肥満患者数が増えた
→ 自動車が購入できるようになった → 運動量が減った → 肥満患者数が増えた
→ 糖尿病患者数が増加した

文章化する

問3 文章化するには、まず各グラフの傾向をまとめて、それから、フローチャートに基づいて、それらを関係づけます。

まず、食の洋風化が生じて米の消費量が減り、自動車保有から運動不足が生じたメカニズムを書きます。たとえば、解答例の第一段落のような感じでどうでしょうか？「グラフCによれば、……」などと書き始めてもよいのですが、ここではカッコを使っています。このあたりの記述はどのグラフをもとにしているかが明確になっていれば書き方は比較的自由です。

次に、肥満患者数が増えて、その結果として、糖尿病患者数の増加がもたらされたことを付け加えます。まず、グラフの傾向を述べ、それからメカニズムを説明するところは同じです。解答例の第二段落のように書けます。

なお、入門編第1講で説明した字数の数え方とは異なりますが、解答例の文字数は、空欄の数を含みません。実際の入試では、解答欄の形式にあわせて、段落構成や文字数を調整しましょう。

補足的な内容

問4 最後は、１９９６年以降の「糖尿病患者数は横ばい」現象について、説明します。ここは、グラフA以外は何のデータもありません。だから、なぜ、「横ばい」現象が生じたのか、少ないデータの中から、矛盾の少ない仮説を立てなければなりません。ここでは、豊かな時代が続いて、その弊害も認識されてきた、というストーリーにしてみました。実際、豊かになって、食べたいものが食べられるようになると、今度は「太りすぎ」が問題になり、「生活習慣に気をつけるべき」というメッセージが社会的に言われるようになったわけです。

食生活の洋風化 ＋ 自動車保有台数の増加
→ 糖尿病患者数の増加
→ 豊かさの弊害が理解された
→ 生活習慣病の対策が立てられるようになった
→ 糖尿病患者数の増加が止まった

相手と議論する（練習問題）

問題⇩本冊97ページ

解答例

テウト　文字があれば、人間の記憶力も向上します。なぜなら、どこに書いてあるかさえ記憶すればよいので、アクセスできる内容が飛躍的に多くなるからです。これは、個人の記憶力がよくなったのと同じ効果です。

また、知恵とは適切に判断する力ですが、文字を読めば、自分の直接経験を超えて、他人の考えや経験に触れられて知識が増えます。いろいろな考えや経験を知れば相互に比較できるので、より客観的な判断ができます。つまり、文字を知れば、記憶力は向上し、知恵も深まるのです。（222字）

タモス　だが、自分が記憶しないと人任せになって、きちんと判断できなくなる。部分的な判断がいくらたくさん集まっても、それだけではつながりがないので、全体に対する適切な判断にはならないだろう。

それに、人間相手と違って、文字に問いかけても直接答えを得られないのだから、誤解も多くなる。誤解が誤解を生んで、とんでもない結論が出てくるかもしれない。文字などないほうが、物事がシンプルに捉えられてよいのだ。（193字）

（計415字）

（注）解答例の文字数は、空欄の数を含みません。実際の入試では、解答欄の形式にあわせて、段落構成や文字数を調整しましょう。

まず、最初のテウトとタモスの言っていることを整理してみましょう。

最初のテウトの発言内容

> 意見……人々に文字を学ばせよう
> 理由……知恵と記憶力が高まる

最初のタモスの発言内容

> 意見……人々に文字を学ばせるべきではない
> 理由❶…（文字で書き留めるだけで覚えないので）記憶力が悪くなる
> 理由❷…得られる知恵も外面的である
> 説明……人々は何でも知っていると思い込み、うぬぼれる

反論①をどう考えるか？

ここからテウトが反論するとしたら、タモスの理由❶・理由❷を否定する必要があります。つまり、次のようになります。

> 理由❶の否定……記憶力はむしろよくなる
> 理由❷の否定……得られる知恵は本質的なものである

それぞれに対して、なぜ、そうなるか、というさらなる説明を考えましょう。たとえば、理由❶の否定については、文字を読めばよいので、すべてを記憶しなくてよく、どこに書いてあるかさえ記憶していればよい。そうするとアクセスできる内容は飛躍的に多くなります。結局は、よりたくさんのことを記憶し

ているのと同じ結果になるはずです。つまり次のように整理できるでしょう。

理由❶の否定…記憶力はむしろよくなる
説明…………文字に書いてあれば、すべて記憶する必要はなく、どこに書いてあるかを記憶すればよい。するとアクセスできる内容が多くなる。これは個人の記憶力が増したのと同じ効果をもつ

フローチャートで書けば、このようになります。

文字に書いてある
↓
すべてを記憶しなくてよい
↓
どこに書いてあるかだけわかればよい
↓
アクセスできる内容が多くなる
↓
記憶力が増したのと同じ効果

また、理由❷の否定に対しては、多様な考えにアクセスできると、より幅広い立場から判断でき、より妥当で客観的な判断ができることになります。これは知恵が深まることであり、「外面的」という批判は当たらないと言えます。

理由❷の否定…得られる知恵は本質的なものである
説明…………多様な考えにアクセスできると、より幅広い立場から判断でき、妥当で客観的な判断ができる。これは知恵が深まることであり、外面的という批判は当たらない

フローチャートに整理すれば以下のとおり。

多様な考えにアクセスできる
↓
より幅広い立場から判断できる
↓
妥当で客観的な判断になる
↓
知恵が深まる

ふつうは、小論文は「だ・である調」で書きますが、テウトの最初の発言は、タモスへの敬意を表す「です・ます調」になっているので、解答例もこれに合わせて「です・ます調」にしています。

反論②をどう考えるか？

さて、タモスはこれに対して、どう再批判するのでしょうか？　いろいろなやり方がありますが、ここでは、理由❶の否定「記憶力はむしろよくなる」を一応認めつつも、理由❷の否定「得られる知恵は本質的なものである」を否定する、というやり方を採ってみました。「知恵が本質的でない」ならば、全体を否定するのに十分な理由になるからです。

さらに、付け加えて、文字があるために、かえって状況が悪くなるという理屈にすることもできます。文字を読んできちんと理解するのは、それなりの訓練が必要ですし、明快な文章を書くのも大変ですから、ここまでこの本を読んできたみなさんには、この理屈はすんなり理解できるのではないでしょうか？

課題文から自分の意見につなげる（練習問題）

問題⇨本冊110ページ

解答例

問1　同じ点は、どちらも再稼働決定を受け、まもなく発足する原子力規制委員会の人選を重視することである。それに対し、異なる点は、決定自体の評価と原発政策の目標、人選の留意点である。つまり(1)は、経済活動への影響を少なくしたとして再稼働決定を肯定する一方、専門家の意見を取り入れるべきだと批判するのに対し、(2)は決定が暫定的すぎると批判し、原発ゼロを目指して、電力会社等に左右されない中立的な人選をすべきだという。（200字）

問2　私は再稼働に賛成だ。なぜなら、社会が必要とする電力を確保するためには原発に頼らざるをえないからである。それに対して、友人は再稼働に反対だ。なぜなら、いったん再稼働を許したら、既得権益を守るために原発は永続されると考えるからだ。

しかしよく考えてみると、双方とも状況を単純化しすぎている。まず、原発を即時停止しても危険は減らない。なぜなら、放射性物質の処理には何十年もかかり、今まで蓄積された原子力の知識を利用して処理・保管を行わねばならず、停止で問題は解決しないからだ。他方、原発で作られる電力は30%以下にすぎず、将来太陽光発電などへのシフトも可能だ。これが進まないのは、安全性を信じて原発にエネルギー源を頼りすぎたせいだ。

結局、即時停止に意味がないことと、原発が唯一のエネルギー源でないことが納得されれば、再稼働を容認しても原発廃止に向けての道筋を明確にする方向で合意できそうだ。（390字）

まず、それぞれ、段落ごとに内容をまとめましょう（四角数字は段落番号）。

(1)日本経済新聞の内容

1 状況説明……大飯《おおい》原発再稼働決定の経緯
2 意見……経済への影響を考慮した再稼働の決断を支持する
3～5 批判……専門家集団が基準を設けるべきなのに、政治が技術的領域に踏み込みすぎている
6 問題……他原発でも同じやり方でよいか？
7・8 説明・提案……関連法案の仕組みを整備する＋原子力規制委員会が安全性を確認してから、首相らが判断すべき
9 意見……原子力規制委員会の人材起用に気をつけるべき

(2)朝日新聞の内容

1 状況説明……大飯原発の再稼働が決まった
2 批判……脱原発依存の道筋不明＋安全基準が暫定的だ
3 問題……原発はゼロにすべきだが、短期的な電力をどうするか？
4 意見……全原発を仕分けすればよい
5・6 説明……原子力規制委員会・原子力規制庁が作業する
7・8 批判・意見……これまでの機関は原発推進の立場なので、原子力規制委員会の人選および中立性が重要になる
9～12 説明……原子力規制庁は原子力関連組織や電力会社等に依存する
13・14 意見……厳格な安全基準を策定して閉じる原発を決めるべき

問1 両者の内容は重なりつつも微妙に違っています。その整理が 問1 です。

	(1)日本経済新聞	(2)朝日新聞
再稼働への評価	肯定	批判
原発の展望	経済への影響を重視すべき	ゼロにすべき＋経済活動への配慮＝仕分け
安全基準の作成	○原子力規制委員会→政治 ×政治→専門家集団	原子力規制委員会
提案	原子力規制委員会の信頼を取り戻す人材の起用	原子力規制委員会の中立な人選

要約の問題ですが、同じ点と違う点を比べられるように書かねばいけません。そこで「再稼働への評価」と「これから原発をどうすべきか？」について、具体的に何を提案しているか対比してみましょう。そうすると、どこが同じで、どこが違っているか、わかるはずです。右の表では、四つの観点から(1)日本経済新聞と(2)朝日新聞の違いが一目でわかるようにしました。

同じ点と違う点を対比する

まず、「再稼働への評価」「原発の展望」については、対照的な内容です。つまり、(1)日本経済新聞は、経済への影響を重視して、再稼働決定を評価しています。原発については、これからもずっと使用し続けるべき、というわけです。ところが、(2)朝日新聞では、再稼働の決定に対して批判的で、将来的には原発を止《や》めるべきだと言っています。でも、当面の経済活動への影響も無視できないので、何らかの対策は考えなければならない、という立場です。前者が、経済活動への影響をメインに考えて原発の存在を肯定するのに対して、後者は、原発を否定するが、当面の経済活動への影響も考えて原発稼働という事態も考慮せねばならない、と優先順位が異なってくるわけです。

ここまで見てきた内容を「同じ点は……。それに対して、違う点は……。」と書いてもよいし、「(1)は……。それに対して、(2)は……。」という形で書いてもよいでしょう。いずれにしろ、二つの対照的な内容をつなぐのには「それに対して」という接続表現を使うほうがよいでしょう。「一方」とか「他方」でつなぐのより、対比していることがずっと明確になるからです。

対比のときは、「それに対して」でつなぐ

「いいとこ取り」はうまくいかない

問2 意見が対立しているときに、「対立を乗り越える」ためにどう論を立てればよいのか、という興味深い設問です。「対立を乗り越える」ときに、よく言われるのが「折衷」つまり、両方のよい点を取り入れて一つにする方法です。しかし、これはうまくいかないことが多い。なぜなら、よい点と悪い点はだいたい裏腹の関係にあって、悪いところをなくそうとすれば、よいところも消えてしまうからです。たとえば「決断が速い」人はしばしば「おっちょこちょい」で、逆に「慎重な」人は、しばしば「ぐず」と言われます。結果がよいときには、ほめ言葉が使われ、結果が悪いとけなし言葉になるだけなのです。だから簡単に「いいとこ取り」はできないのです。

共通の前提を探す

では、どうするのか？　両者の意見がそれぞれ同じ前提に立っていることを示し、「結局、両者ともに同じ思い込みをしていて両方ともよくない」というように二つを一どきに否定して、新しい考え方を見出《みいだ》す方法があります。

対立している両者に共通する前提を見出して、それを否定する

もっと具体的に考えてみましょう。まず、自分の「再稼働に賛成」と友人の「再稼働に反対」という対立した意見をまとめ、そのうえで、それらが同じ前提、

つまり「原発についてのあまりにも単純すぎる見方」に立っていることを指摘します。さて、どうなるか？

自分は「エネルギー源は原発以外ない」と、友人は「原発を停止すれば危険がなくなる」と思っています。それぞれの根拠を、私は「電力を確保するため」、友人が「いったん稼働したら止められなくなる」としてみましょう。たしかに、いったん決めたことを止めるのは、難しい。友人の考えもわかりますね。

しかし、どちらもよく考えてみると不正確です。なぜなら、私の意見については発電には太陽光発電など別の選択肢もあるし、現在では、原発より安くなっているという計算結果が出ています。それなら原発にこだわる理由がなくなる。逆に友人の意見も問題です。なぜなら、原発は即時停止しても放射性物質の保管・処理など、ずっと作業しなければなりません。その最中に地震が発生したら、やはり放射性物質は拡散します。つまり、原発の危険は友人の言うように「原発を停止」してもなくならないのです。もちろん私の言うように「エネルギー源は原発だけに頼らなければならない」わけでもない。結局、両者ともに、原発の複雑さをろくに考えないで「続けろ」「止めろ」と対立しているわけです。

対比：自分「再稼働に賛成」 vs. 友人「再稼働に反対」

↓

意見：自分「エネルギー源は原発以外ない」
友人「原発を停止すれば危険がなくなる」

↓

指摘：どちらも原発について単純すぎる見方をしている

↓

批判：自分「エネルギー源は原発以外にもある」
友人「原発を即時停止しても危険は減らない」

↓

説明：自分「太陽光発電など別の選択肢もあるし、原発より安い」
友人「停止しても、放射性物質の保管・処理など費用がかかる」

新しい考え方を提案する

両者を否定したので、次に、対立の乗り越えを考えます。この提案は、原発についての現実的な見方に基づいて考えなければなりません。課題文では、(1)日本経済新聞も「原発は安全である」と言ってはいません。危険については、おそらく(2)朝日新聞と同意見でしょう。逆に(2)朝日新聞も「原発は危険」ではあっても、「即時停止」しろとは言わない。停止しても、本当に危険がなくなるまでには、相当な時間がかかるからです。だから単純に「再稼働せよ」「即時停止せよ」という二者択一はできません。「再稼働」したら、ほかにも効率的な発電方法があるのに、古くて危険な方法にしがみつくことになるし、「即時停止」しても放射性物質の処理などで、すぐ安全にならない。原発を停止するには、それに代わる発電方法を一つひとつ実行し、確保する時間がかかりそうです。とすれば、将来は原発を止めるにしても、危険がなくなるまで使用しつつ、段階的に新しい発電法に切り替えていくのが妥当なところではないでしょうか？　これらの議論をまとめれば、解答例のようになるでしょう。

両者が同意できる点：原発は危険である＋電力は必要

↓

提案：当面動かしつつ、廃炉に至るまでのプロセスを明示する